Gabriella Pordini   Mariangela Trasi

Amici D'ITALIA

Corso di lingua italiana

3

ESERCIZIARIO

Sommario

Libro dello studente, pp. 12-13

1 Leggi la riflessione di Giulia a pagina 12 del libro dello studente e rispondi alle domande.

1 Che classe frequenta Giulia?

_____

2 Perché scrive sul sito della scuola?

_____

3 Qual è la scelta più importante per lei?

_____

4 Quale liceo vorrebbe frequentare? Perché?

_____

5 Quale opportunità le offre la sua scuola?

_____

6 Giulia pratica uno sport: quale?

_____

7 Quali scelte dovrà fare dopo il liceo?

_____

8 Lei sa già che cosa sceglierà? Perché?

_____

2 Immagina: la scuola media di Giulia è in periferia, il liceo sarà al centro di Milano. Come va a scuola? E come andrà al liceo?

1  ☐   2  ☐   3 ☐

4  ☐   5  ☐   6 ☐

Alla scuola media: _____   Al liceo: _____

3 E la tua scuola, dove si trova? Come vai a scuola? Disegna e descrivi il tuo percorso.

4 In Italia esistono diversi tipi di licei. Leggi e scrivi i loro nomi nel cruciverba.

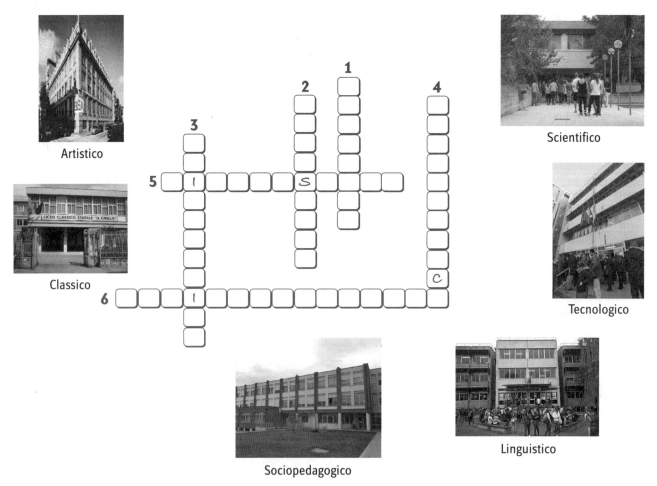

Artistico

Classico

Scientifico

Tecnologico

Sociopedagogico

Linguistico

5 Osserva queste foto e scegli la città italiana in cui ti piacerebbe fare un'esperienza di vacanza-studio.

Bologna — 1

Roma — 2

Firenze — 3

Venezia — 4

6 E tu, quale scuola pensi di frequentare dopo le medie?
E dopo il liceo?

_____

_____

_____

_____

_____

Libro dello studente, pp. 14-15

1 (2) Ascolta il dialogo di pagina 14 del libro dello studente e metti in ordine il testo.

A ☐ Alessio anche quest'anno ha fatto un'escursione sul ghiacciaio, mentre Carolina ha fatto sempre il bagno al mare.

C ☐ I due ragazzi sono stati in località molto lontane, al Sud e al Nord d'Italia, ma con un clima abbastanza caldo d'estate: hanno trovato il fresco in riva al mare e in cima alla montagna.

B ☐ Infine Alessio racconta un'esperienza particolare: ha provato a parlare in tedesco, ma tutti volevano parlare in italiano.

D ☐ Carolina e Alessio sono appena tornati dalle vacanze: lei è stata in Sicilia, a Taormina, lui invece è stato in Trentino-Alto Adige, a Merano.

2 (2) Riascolta il dialogo e scegli la risposta giusta.

1 Carolina è rientrata
   a ☐ stamattina.
   b ☐ ieri sera.
   c ☐ due giorni fa.

2 Alessio è stato
   a ☐ in Friuli Venezia Giulia.
   b ☐ in Veneto.
   c ☐ in Trentino-Alto Adige.

3 I nonni di Carolina abitano
   a ☐ a Taormina.
   b ☐ a Siracusa.
   c ☐ ad Agrigento.

4 Alessio ha alloggiato
   a ☐ a Bolzano.
   b ☐ a Trento.
   c ☐ a Merano.

5 In entrambe le località
   a ☐ faceva freddo.
   b ☐ faceva molto caldo.
   c ☐ faceva abbastanza caldo.

6 Carolina ha fatto sempre
   a ☐ il bagno al mare.
   b ☐ delle belle passeggiate.
   c ☐ qualche giro in città.

7 Alessio ha fatto un'escursione
   a ☐ sul lago ghiacciato.
   b ☐ sul sentiero di montagna.
   c ☐ sul ghiacciaio.

8 In Trentino-Alto Adige si parla
   a ☐ l'italiano e il francese.
   b ☐ l'italiano e il tedesco.
   c ☐ l'italiano e l'albanese.

1 LESSICO

1 Trova nella griglia 13 parole sulla natura: le lettere rimanenti formano una domanda.

A	R	C	I	P	E	L	A	G	O
T	U	O	C	D	V	A	L	L	E
O	V	N	I	G	O	L	F	O	E
■	V	F	M	A	I	S	O	L	A
G	H	I	A	C	C	I	A	I	O
P	E	N	I	S	O	L	A	I	D
P	A	E	S	A	G	G	I	O	I
P	I	A	N	U	R	A	S	O	L
C	O	S	T	A	I	T	O	I	N
V	A	M	O	N	T	A	G	N	E
C	A	B	O	S	C	O	N	Z	A

_ _' _ _ _ _ _ _ _

_ _ _ _ _ _ _ _ _ _ _ _ _ _?

2 Ascolta e completa il testo.

Il Parco nazionale d'Abruzzo (sugli Appenini, nel Centro Italia), insieme al Parco nazionale del Gran Paradiso (sulle Alpi, nel Nord Italia), è il più antico (1) _____ d'Italia: è famoso a livello internazionale per la conservazione di alcune specie faunistiche italiane importanti, quali il (2) _____, il (3) _____ d'Abruzzo e l'(4) _____ marsicano, come pure per le sue numerose iniziative che hanno modernizzato e diffuso l'ambientalismo in (5) _____ e in Europa.

Il parco è ricoperto da (6) _____ di faggio per circa due terzi della sua superficie. Si estende prevalentemente in un territorio montano e pastorale, dove non si possono coltivare la (7) _____ e l' (8) _____.

La maggior parte delle strade e dei sentieri che entrano negli (9) _____ naturali è chiusa al traffico motorizzato. L' (10) _____ può essere utilizzata esclusivamente per raggiungere il parco e per spostarsi tra un centro e l'altro. Ci sono 150 (11) _____ ecoturistici, per circa 250 km, che si possono percorrere (12) _____, in bici, a cavallo o nel periodo invernale con gli sci da fondo. Nei borghi si trova una sana e tranquilla (13) _____.

In alcuni (14) _____ del parco si può pernottare con una richiesta scritta.

3 Completa le frasi con l'espressione giusta.

1 Ho preso un brutto voto, sono veramente _____ !

2 Quando Michela è molto _____, canta sempre.

3 Mio fratello ha perso il cellulare, mia madre è _____.

4 Stai _____, l'esame non è troppo difficile!

5 I genitori di Lucio sono _____: lui non è ancora tornato dalla festa.

6 Laura ha vinto la gara di atletica, è _____ e _____.

4 Disegna la tua regione e scrivi i nomi delle località più importanti.

5 Sai usare una bussola? Rispetto a casa tua, prova a dire dove si trova:
- la tua scuola
- la tua palestra
- il parco della tua città.

Libro dello studente, pp. 18-19

1 (4) Ascolta i messaggi pubblicitari, poi abbina le foto ai nomi delle isole italiane.

a ☐ Isola d'Elba
b ☐ Sardegna
c ☐ Sicilia
d ☐ Isole Tremiti
e ☐ Capri
f ☐ Pantelleria

2 Completa il programma di educazione ambientale con le parole giuste.

> pioggia ■ calzature ■ ambiente ■ storico ■ naturalistico ■ territorio ■ abbigliamento ■ educazione ■ culturale

A scuola nella natura

All'interno del Parco del Conero, nelle Marche, tutte le attività di (1) _____ ambientale sono gestite da una cooperativa di educatori e operatori specializzati.

Le attività proposte riguardano principalmente le scuole e sono state elaborate con due obiettivi:

- far interagire in maniera dinamica i giovani con l' (2) _____ e con il patrimonio (3) _____ e artistico;
- valorizzare il (4) _____ che dal punto di vista (5) _____, paesaggistico, storico e (6) _____ offre una grande ricchezza.

I partecipanti devono indossare (7) _____ e (8) _____ adeguati. Si consiglia di portare sempre con sé dell'acqua, un cappellino e un giubbetto impermeabile: alcune attività si possono fare anche in caso di (9) _____.

3 Leggi l'email e sottolinea gli stati d'animo di Francesca.

Ciao, come stai?

Sono tornata ieri sera da un campo estivo al Parco del monte Conero, nelle Marche. Ho trascorso cinque giorni un po' faticosi, ma molto divertenti e interessanti!

L'insegnante di scienze ha invitato tutta la classe a partecipare: all'inizio ero un po' sorpresa e preoccupata, poi ho accettato e sono partita la settimana scorsa con un gruppo di compagni.

È stata una bella esperienza! Abbiamo camminato sui sentieri più difficili, abbiamo scoperto tante specie di piante e abbiamo ascoltato il canto di tanti uccelli dei boschi. Un educatore specializzato ci ha accompagnato durante quelle camminate e ci ha insegnato che il silenzio è fondamentale nei percorsi ecologici di quel parco naturale.

Oggi sono finalmente a casa, veramente stanca ma felice!

E tu, cosa mi racconti? Spero di leggere belle notizie anche da parte tua... A presto!

Francesca

4 Rispondi alla email e prova a esprimere i tuoi stati d'animo.

Ciao Francesca,

Il 'si' impersonale

1 **Che cosa si fa in Italia? Completa le frasi con la forma impersonale.**

1 A dicembre (festeggiare) _____ Natale e Capodanno.

2 A marzo (vedere) _____ qualche fiore sugli alberi.

3 A luglio e agosto (andare) _____ al mare o in montagna.

4 A novembre (usare) _____ spesso l'ombrello perché piove molto.

5 A febbraio (festeggiare) _____ il Carnevale con i costumi e le maschere.

6 A maggio e giugno (sentire) _____ già l'inizio dell'estate.

7 A gennaio (fare) _____ la settimana bianca con gli amici.

8 Ad aprile (prendere) _____ il primo sole primaverile.

2 **Leggi l'email, poi sostituisci le forme verbali del 'noi' con quelle del 'si' impersonale.**

Carissima,
ti scrivo per rispondere alla domanda che mi hai fatto: come era la nostra vita da ragazzi?
Sai, quando eravamo / _____ piccoli, in Italia c'erano meno problemi di inquinamento. Vivevamo / _____ in campagna, in un modo più semplice di oggi. Andavamo / _____ a scuola nel paese più vicino e ci alzavamo / _____ molto presto la mattina per andare a scuola a piedi o in bicicletta.
I nostri genitori lavoravano, ma non avevamo / _____ ancora denaro sufficiente per comprare un'auto.
In classe, scrivevamo / _____ con il pennino e l'inchiostro, non usavamo / _____ nessun prodotto di plastica.
La sera a casa mangiavamo / _____ poco, ma era tutto naturale e veniva dalla nostra terra. Non guardavamo / _____ la tv perché ancora non esisteva. Alle nove andavamo / _____ a letto e dicevamo / _____ 'buonanotte'!

Nonna Luisa

I verbi con 'a' e 'di'

3 **Completa le frasi con le preposizioni 'a' e 'di'.**

1 Gaia, mi aiuti ____ lavare i piatti?

2 Ettore mi ha chiesto ____ uscire con lui.

3 Allora, hai deciso ____ andare?

4 Oh, no! Ho dimenticato ____ chiudere la finestra!

5 Non fingere ____ dormire... lo vedo che sei sveglio!

6 Continua ____ piovere da giorni! Che noia!

7 Ti va di contribuire ____ aiutare l'UNICEF?

8 Gli zii mi hanno invitato ____ andare in montagna con loro.

9 Finalmente ho imparato ____ guidare!

10 Mi prometti ____ non farlo più?

4 **Completa il testo con i verbi giusti. Esistono varie scelte possibili. Attenzione alla preposizione 'a' o 'di'.**

Stamattina il professore di matematica era molto impaziente e ci (1) _____ di fare silenzio.
Poi ci ha dato qualche consiglio per
(2) _____ a usare bene i nuovi programmi di informatica. Allora (3) _____ di seguire la sua lezione con più attenzione e
(4) _____ di parlare tra noi.
Il professore (5) _____ a spiegare e
(6) _____ a camminare tra le postazioni dei computer per (7) _____ a fare gli esercizi più difficili.
A fine lezione, (8) _____ gli studenti migliori a presentare i loro risultati.
Per domani mattina, ci (9) _____ di portare in classe il suo iPad. Finalmente qualcosa di interessante!

Gli aggettivi 'bello' e 'quello'

5 Completa la tabella con le forme giuste dell'aggettivo 'quello'.

1 _____	escursione
2 _____	giornata
3 _____	isola
4 _____	scogli
5 _____	zaino
6 _____	estate
7 _____	sentiero
8 _____	spiaggia
9 _____	libri
10 _____	albero

6 ⑤ Ascolta e completa i dialoghi con le forme giuste degli aggettivi 'bello' e 'quello'.

1 - Sai che è nata la bambina di _____ mia zia?

    - Che _____ notizia!

2 - Di chi è il _____ quadro nel tuo studio?

    - È una riproduzione di Van Gogh, _____ famoso pittore olandese.

3 - Attenzione! Non devi ripetere _____ sbagli!

    - Lo dici sempre, questo è proprio un _____ sbaglio.

4 - Ti piacerebbe leggere _____ romanzi?

    - No, preferisco leggere questi _____ racconti.

5 - Antonio manda sempre i saluti da _____ città europee.

    - Vorrei tanto visitare anch'io _____ città!

6 - Per il mio compleanno ho ricevuto un _____ regalo.

    - Forse era _____ orologio in vetrina?

I connettivi 'malgrado' 'tuttavia', 'al contrario'

7 Abbina le due parti di ogni frase.

1 ☐ Mio padre era stanco,
2 ☐ Malgrado la pioggia,
3 ☐ Il film mi è piaciuto molto,
4 ☐ Malgrado sia tardi,
5 ☐ Marco doveva studiare,
6 ☐ Che sorpresa! Non disturbi,
7 ☐ Il test non è andato male,
8 ☐ Le iscrizioni al corso sono finite,

a provo a chiamare Andrea al telefono.

b al contrario, è andato molto bene!

c tuttavia è andato all'allenamento.

d al contrario dei miei amici che lo hanno trovato noioso.

e siamo usciti tutti insieme.

f tuttavia mi ha accompagnato in macchina.

g al contrario, mi fa piacere vederti.

h tuttavia si possono chiedere informazioni.

8 Metti in ordine le frasi, usando i connettivi 'malgrado', 'tuttavia', 'al contrario'.

1 la tv / non ho guardato / Durante le vacanze / molta musica. / ho ascoltato (al contrario)

_____

2 per fare una passeggiata. / con le sue amiche / il freddo / Silvia è uscita (malgrado)

_____

3 non è ancora arrivato / c'è molto silenzio. / Il professore / in classe (tuttavia)

_____

4 il ritardo, / ed è arrivato / il treno ha recuperato / 10 minuti / in tempo a Bologna. (malgrado)

_____

5 è già iniziata / La partita di basket / alcuni biglietti. / ci sono ancora (tuttavia)

_____

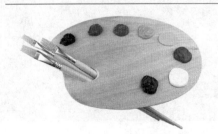

1 VERSO LA CERTIFICAZIONE

Libro dello studente, pp. 22-23

Ascoltare

1 (6) Ascolta il testo dell'agenzia di viaggi, poi scrivi le attività.

Vacanze in montagna

State pensando di trascorrere l'estate sulle Dolomiti? Le Dolomiti si trovano in Veneto, Trentino-Alto Adige, Friuli Venezia Giulia e Lombardia. Vi offriamo alcuni consigli su cosa fare.

Fra le montagne delle Dolomiti sarà entusiasmante praticare l'escursionismo. Escursioni facili o difficili, per esperti e principianti, per gruppi e per famiglie: troverete il percorso giusto per un'esperienza indimenticabile.

1 _____

Percorrere le Dolomiti in bici e in mountain bike significa scegliere tra percorsi poco battuti e piste ciclabili. Potrete passare da una regione all'altra, ammirando lo scenario che cambia di città in città.

2 _____

Il *nordic walking* sulle Dolomiti è sempre più praticato, grazie ai sentieri e ai percorsi attrezzati. Questa disciplina ha già riscosso grande successo nel mondo e coinvolge un numero sempre crescente di atleti. Praticare il *nordic walking* nella natura incontaminata delle Dolomiti è certamente un'esperienza unica!

3 _____

Gli amanti del trekking sono i benvenuti nelle Dolomiti. Sono numerosi i percorsi che affascinano gli amanti di questa disciplina, dato che in questi luoghi il contatto con le montagne è veramente privilegiato!

4 _____

Praticare questo sport ai piedi delle maestose montagne è un'occasione unica. Fra le Dolomiti è possibile trovare numerosi golf club, con campi da golf di varie dimensioni e dotati di numerosi servizi per golfisti.

5 _____

Le Dolomiti sono la patria degli arrampicatori. Qui è possibile mettersi alla prova lungo le pareti rocciose più difficili. Tutti quelli che amano il contatto con la roccia sono i benvenuti!

6 _____

Parlare

2 Prova a descrivere questa foto. Di' almeno 3 cose che vedi.

_____
_____
_____
_____
_____
_____
_____
_____
_____
_____
_____
_____

Leggere

3 Leggi il dépliant e scegli la risposta giusta.

Giro dei 12 laghi sulle Dolomiti

Proponiamo una fantastica escursione per chi ama i luoghi selvaggi e solitari. I paesaggi sono meravigliosi: ci sono 12 laghi, tra grandi e piccoli, che si possono vedere in questo fantastico itinerario nel gruppo della Presanella nord-orientale e si raggiungono facilmente dal versante di Madonna di Campiglio.

L'escursione è piuttosto lunga, circa 24 km, ma senza particolari difficoltà. L'unica vera difficoltà è rappresentata dalla segnaletica carente o totalmente assente in alcuni tratti.

È necessario quindi avere una cartina della zona e un ottimo senso dell'orientamento.

In compenso i panorami che si possono godere sono tra i più spettacolari del Trentino: si va dalle valli selvagge, quasi deserte, fino a una serie entusiasmante di magnifici laghetti alpini in alta quota che ricordano la Norvegia (lago Gelato e Serodoli) o il Canada (lago delle Malghette).

1 L'escursione è per chi ama
  a luoghi pieni di gente.
  b luoghi selvaggi e solitari.
  c luoghi molto rumorosi.

2 Nell'itinerario ci sono
  a 2 laghi grandi.
  b 21 laghi piccoli.
  c 12 laghi grandi e piccoli.

3 I laghi si raggiungono facilmente
  a da Madonna di Campiglio.
  b dal monte Bianco.
  c dalla Sicilia.

4 L'escursione è
  a molto corta ma difficile.
  b piuttosto lunga ma facile.
  c abbastanza lunga e difficile.

5 È necessario avere
  a senso dell'orientamento.
  b gusto per l'estetica.
  c amore per l'arte.

6 I paesaggi ricordano
  a la Svezia o l'Islanda.
  b la Norvegia o il Canada.
  c la Finlandia o l'Alaska.

Scrivere

4 Vuoi invitare un'amica italiana a trascorrere una settimana a casa tua. Descrivi le attrazioni turistiche della tua regione e le attività che potrete fare.

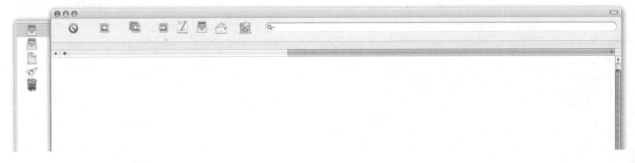

1 SONO CAPACE DI ...

Sei alla fine dell'Unità 1. Che cosa sai fare?

Nella comunicazione orale sono capace di ...

■ **parlare di una regione visitata**

1 Sei appena tornato dalle vacanze estive. Incontri un amico/un'amica e chiedi dove ha trascorso le sue vacanze.

2 Chiedi informazioni sul clima, le località visitate, le attività fatte in quella regione.

3 Racconti e descrivi quello che hai fatto durante le tue vacanze.

4 Descrivi il clima, il paesaggio, le località e le attrazioni turistiche della regione che hai visitato.

Nella comunicazione scritta sono capace di ...

■ **descrivere la mia regione**

5 Prepara una cartina fisica e politica della tua regione (monti, fiumi, parchi naturali, città importanti). Scrivi alcune frasi per fare promozione turistica della tua regione, evidenziando il periodo ideale, la durata del viaggio e le località più belle da visitare.

Libro dello studente, pp. 26-27

1 (7) Ascolta il dialogo di pagina 26 del libro dello studente e abbina le due parti di ogni frase.

1 ☐ Che fame!		a	prendiamoci un'altra pizza!
2 ☐ Prendiamola in pizzeria,		b	è proprio appetitosa!
3 ☐ Salve ragazzi,		c	ci hanno messo mezz'ora.
4 ☐ Dammi un pezzo di margherita,		d	è calda!
5 ☐ Mangiala con attenzione:		e	Mangiamoci una pizza!
6 ☐ Hai ragione, la pizza lì		f	per favore.
7 ☐ Ieri alla trattoria Saltello		g	che vi do?
8 ☐ Mi hai fatto venire fame...		h	guarda che fila dal fornaio!

2 (7) Riascolta e completa questa parte del dialogo con le parole giuste.

Due ■ margherita ■ Salve ■ calda ■ quanto ■ cipolle ■ capricciosa (x2)

In pizzeria

Pizzaiolo: (1) _____ ragazzi, che vi do?

Caterina: Ciao Franco, dammi un pezzo di (2) _____, per favore.

Stefano: Ehm... dammi un pezzo alle (3) _____ e... uno di (4) _____.

Pizzaiolo: Mangiala con attenzione: è (5) _____! La (6) _____ è ancora in forno.

Stefano: E (7) _____ ci vuole?

Pizzaiolo: (8) _____ minuti.

1 Osserva le foto e completa il cruciverba con 7 ingredienti tipici della pizza.

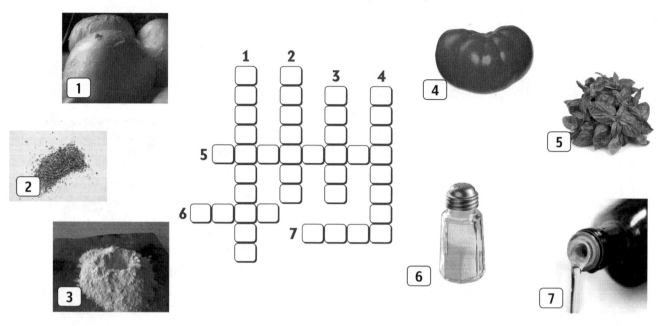

2 Completa la tabella dei principali pasti italiani. Attenzione: ci sono varie possibilità.

frutta ▪ pane ▪ dolci ▪ pasta ▪ carne ▪ pesce
▪ minestra ▪ pizza ▪ formaggio ▪ verdure
▪ insalata ▪ salumi ▪ biscotti ▪ latte ▪ caffè

Colazione	Pranzo	Cena

3 Leggi e correggi le quantità di questi ingredienti per una ricetta.

1 Una grattugiata di latte. _____
2 Un goccio di farina. _____
3 Una spruzzata di noci. _____
4 Un pizzico di burro. _____
5 Un pugno d'olio. _____
6 Una noce di parmigiano. _____
7 Un filo di sale. _____
8 Una manciata di limone. _____

4 Abbina ogni descrizione al locale giusto.

In questo locale...

1 ☐ si fa colazione con brioche e cappuccino.
2 ☐ si mangia bene e si spende poco.
3 ☐ si mangia sempre una buona pizza!
4 ☐ l'ambiente è elegante, ma il conto può essere caro!
5 ☐ si fa uno spuntino con un panino o una piadina.
6 ☐ si sta all'aria aperta e si mangiano piatti tipici locali.

a chiosco
b trattoria
c ristorante
d pizzeria
e bar
f agriturismo

1 (8) **Ascolta e metti in ordine il dialogo.**

In una trattoria

☐ **a** - Vuole anche dolce e caffè?

- No grazie, preferisco la frutta fresca.

☐ **b** - Le porto l'acqua minerale: frizzante o naturale?

- Mi porti mezzo litro di acqua frizzante.

☐ **c** - Le consiglio le tagliatelle al ragù.

- Quanto ci vuole? Ho poco tempo a disposizione.

- Non si preoccupi, ci vogliono pochi minuti.

- Va bene, allora.

☐ **d** - Buongiorno signora, desidera?

- Vorrei un piatto veloce per la pausa pranzo.

2 **Dove si va a mangiare? Completa il dialogo con i locali giusti.**

pizzeria ▪ ristorante ▪ osteria ▪ trattoria

Anna: Oggi è San Valentino, portami a cena fuori!

Marco: Bella idea! Ma dove andiamo?

Anna: Conosco un (1) _____ vicino a piazza Navona, molto elegante e carino.

Marco: Ma no, andiamo in una (2) _____ tipica di Trastevere... è più simpatica!

Anna: Allora preferisco andare in una (3) _____ qui vicino, così facciamo una passeggiata romantica.

Marco: Però lì c'è sempre tanta confusione...

Anna: Sai che facciamo? Ordiniamo una pizza con la consegna a domicilio!

Marco: Brava! E poi usciamo con gli amici e andiamo in quell'(4) _____ di San Lorenzo!

3 **Prova a rifare i dialoghi delle attività 1 e 2 con un compagno. Fai attenzione all'uso di 'Lei' e 'tu'.**

4 **Osserva le illustrazioni e prova a scrivere le fasi di preparazione della ricetta.**

Ingredienti:

1 yogurt;

100 grammi di farina;

100 grammi di zucchero;

3 cucchiai d'olio;

3 uova.

1 Versare lo yogurt in una ciotola.   2 _____

3 _____   4 _____

5 _____   6 _____

7 _____   8 _____

L'imperativo + i pronomi diretti e indiretti

1 Completa i dialoghi con i verbi giusti all'imperativo. Attenzione ai pronomi!

> offrire ▪ chiedere ▪ comprare ▪ invitare
> ▪ raccontare ▪ dire

1 - Mamma, nel frigorifero non c'è più il latte.
   - Allora _____ nel supermercato qui vicino!

2 - Professore, Fabiola non si sente bene.
   - _____ di andare in segreteria per telefonare ai genitori.

3 - Ragazzi, al cinema c'è un film bellissimo. Invito anche Sofia e Simona?
   - Va bene, _____! A loro piace molto andare al cinema.

4 - Bambini, che storia vi racconto stasera prima di dormire?
   - _____ la fiaba di Cappuccetto Rosso!

5 - Mio nonno non può mangiare i dolci. Che cosa gli offro dopo cena?
   - _____ una macedonia di frutta.

6 - Papà, puoi darmi i soldi per la pizza?
   - Mi dispiace, adesso non posso. _____ a tua madre!

2 Completa la tabella con i verbi dell'esercizio 1, usando 'tu' e 'Lei'.

		tu	Lei
1	comprare	Compralo!	Lo compri!
2	dire		
3	invitare		
4	raccontare		
5	offrire		
6	chiedere		

3 Trasforma le frasi alla forma negativa, usando i pronomi.

1 Compra il pane! (tu) _____ / (Lei) _____

2 Chiedi il conto! (tu) _____ / (Lei) _____

3 Descrivi la ricetta! (tu) _____ / (Lei) _____

4 Invitate le amiche! (voi) _____ / (loro) _____

5 Di' gli ingredienti! (tu) _____ / (Lei) _____

I verbi 'metterci' e 'volerci'

4 Rispondi alle domande in modo personale.

1 Quanto ci metti per arrivare a scuola?
   _____

2 Secondo te, quanto ci vuole da Roma a Berlino?
   _____

3 Quanto ci mettete per finire i compiti?
   _____

4 Secondo te, quanto ci vuole per fare una pizza?
   _____

5 Quanto ci mettono gli studenti per scrivere un tema?
   _____

6 Quanto ci si mette per venire in Italia in aereo dal tuo Paese?
   _____

5 Sostituisci le espressioni sottolineate con 'ci vuole/ci vogliono'.

1 Per andare da Roma a Milano sono necessarie cinque ore di treno.
   _____

2 Quanti minuti sono necessari per cuocere gli spaghetti?
   _____

3 Per ordinare un piatto in questo ristorante è necessario troppo tempo!
   _____

4 Per viaggiare in aereo è necessaria la prenotazione.
   _____

5 Dopo pranzo, è necessaria una pausa di qualche ora prima di fare la doccia.
   _____

6 Sono necessari vari giorni di preparativi per un pranzo di matrimonio.
   _____

7 Quanti soldi sono necessari per comprare quei jeans?
   _____

8 Preside, per insegnare in questa scuola è necessaria tanta pazienza!
   _____

6 Coniuga il verbo 'metterci' e unisci le due parti di ogni frase.

1 ☐ Ho fretta, quanto tempo
2 ☐ Quanto (tu) _____
3 ☐ Per mangiare i ragazzi sono veloci,
4 ☐ L'agriturismo è in campagna,
5 ☐ Siete già pronti per la pizza? Eccomi!
6 ☐ Se _____ qualche minuto in più,

a (noi) _____ un'ora per arrivarci.
b per lavare tutti questi piatti?
c non importa: la tavola deve essere perfetta!
d ma quanto _____ per cucinare!
e _____ il cameriere?
f (io) _____ un minuto per scendere!

7 Completa e rispondi alle domande con le espressioni 'ci vuole' o 'ci si mette'.

1 Quanto sale _____ per condire l'insalata?
_____

2 Quanto tempo _____ per andare dalla fermata dell'autobus alla scuola media?
_____

3 Quale esame _____ per passare al livello intermedio di lingua straniera?
_____

4 Che cosa _____ alla fine di un pranzo al ristorante?
_____

5 Quanto tempo _____ per preparare il tiramisù?
_____

6 A scuola _____ l'autorizzazione per uscire alle 11.00 invece che alle 13.00?
_____

7 Scusa, _____ molto tempo per arrivare dalla stazione al centro storico a piedi?
_____

8 Che bella festa! _____ un iPad per fare tante belle fotografie e metterle su Facebook!
_____

I connettivi 'perciò/quindi'

8 Metti in ordine le frasi, usando i connettivi 'perciò' o 'quindi'.

1 a cucinare, / Ho deciso / _____ / di imparare / un libro di ricette. / ho comprato
_____

2 si mangia bene, / _____ / tutti gli studenti / Nella nostra mensa / ci vanno a pranzo.
_____

3 ci vuole / Per questa ricetta / _____ / un'ora di preparazione, / devi aspettare.
_____

4 in un negozio specializzato. / bisogna comprarli / sono esotici, / Questi ingredienti / _____
_____

5 e la pizzeria / Oggi è lunedì / _____ / mangiamo la pizza / è chiusa, / a casa.
_____

9 Completa le frasi con i connettivi giusti. Hai varie possibilità.

perché ▪ perciò ▪ quindi ▪ dato che

1 Ieri sera sono andato a letto presto, _____ avevo tanto sonno.

2 Ci vuole tanto tempo per imparare una lingua, _____ è meglio cominciare da bambini.

3 _____ sei qui in vacanza, ti faccio conoscere le nostre spiagge.

4 Ci metto un minuto per arrivare, _____ non lamentarti del mio ritardo!

5 Mangiamo sulla terrazza, _____ in sala fa troppo caldo.

6 Il cliente ha mandato indietro il piatto di spaghetti, _____ non erano al dente.

Ascoltare

1  Ascolta l'intervista e indica se le informazioni sono vere o false. Correggi le informazioni false.

		V	F
1	La famiglia di Mirieta viene dall'Ucraina.	☐	☐
2	La giornalista non sa cucinare, ma vuole imparare.	☐	☐
3	I figli di Mirieta amano la cucina italiana.	☐	☐
4	Mirieta ha molto tempo per cucinare a casa.	☐	☐
5	Mirieta è felice per l'invito a partecipare al programma.	☐	☐
6	Mirieta sa preparare solamente piatti tipici.	☐	☐
7	Il pubblico può assaggiare il suo piatto.	☐	☐
8	La giornalista invita Mirieta a casa sua per cucinare.	☐	☐

Leggere

2 Leggi il testo e rispondi alle domande.

⊚ Slow Food®

L'iniziativa internazionale *Slow Food* (si può tradurre *Mangia lentamente*), in contrapposizione al *Fast Food* di origine americana, è nata circa 30 anni fa e in Italia ha avuto un successo immediato, dato che la tradizione gastronomica italiana e mediterranea è basata sul piacere della tavola e dei pasti fatti in casa e consumati con calma, se possibile in compagnia della famiglia o degli amici.
Oggi l'associazione *Slow Food* è molto diffusa in tutto il Paese, offre consigli e informazioni su trattorie, ristoranti e osterie, valutando non solo la qualità del cibo, ma anche l'attenzione del cuoco verso la tradizione e l'atmosfera del servizio a tavola.

1 Che cos'è e che cosa significa *Slow Food*?

2 Su che cosa è basata la tradizione gastronomica italiana?

3 Dove si trova l'associazione *Slow Food* in Italia?

4 Quali servizi offre ai turisti italiani e stranieri?

Scrivere

3 Osserva le scene e scrivi i testi di questo fumetto sulla preparazione di una torta.

Sei alla fine dell'Unità 2. Che cosa sai fare?

Nella comunicazione orale sono capace di ...

■ **dare consigli e descrivere ricette per cucinare**

1 Tua madre vuole preparare la pizza margherita. Quali ingredienti deve usare?

2 Le tue compagne vogliono portare in classe un dolce al forno, ma non conoscono la ricetta. Aiutale!

_____

_____

_____

_____

_____

Nella comunicazione scritta sono capace di ...

■ **descrivere la tradizione gastronomica italiana**

3 Scrivi un'email, descrivendo i pasti della giornata in Italia.

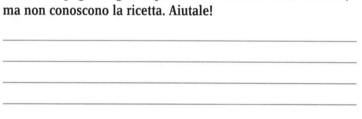

4 In chat con un amico, commenta i piatti tipici italiani secondo il tuo gusto.

Libro dello studente, pp. 38-39

1 (10) Ascolta il dialogo di pagina 38 del libro dello studente e scegli la risposta giusta.

1 Livia e Andrea parlano di
   a ☐ spettacoli teatrali.
   b ☐ tecnologie della comunicazione.
   c ☐ itinerari turistici.

2 Livia è appassionata di
   a ☐ musica pop in internet.
   b ☐ musica classica dal vivo.
   c ☐ opera lirica a teatro.

3 Andrea non è d'accordo con Livia su
   a ☐ uso del cellulare a scuola.
   b ☐ uso del computer a casa.
   c ☐ uso eccessivo del tablet.

4 Livia critica Andrea perché
   a ☐ studia poco e legge pochi libri.
   b ☐ usa sempre lo smartphone.
   c ☐ guarda troppi programmi alla tv.

5 I due amici decidono di
   a ☐ andare in libreria e al cinema.
   b ☐ chiedere una pizza a domicilio.
   c ☐ incontrare gli amici in piazza.

6 Livia cerca alcune informazioni
   a ☐ su un giornale quotidiano di sport.
   b ☐ su una rivista settimanale di attualità.
   c ☐ su un sito internet specifico.

2 Andrea e Livia usano lo smartphone e il tablet. Prova a completare la tabella con le funzioni di questi due strumenti.

Smartphone	Tablet

1 Leggi le definizioni e scrivi nel cruciverba
5 verbi delle nuove tecnologie.

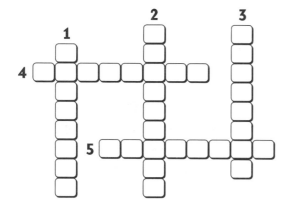

1 Mettere sul web testi e foto.
2 Prendere testi e foto dal web e salvarli nel pc.
3 Consultare un sito sul web.
4 Consultare internet.
5 Scambiare messaggi sul cellulare o su un social network.

2 Completa le frasi con le parole nel riquadro.

il microfono ▪ la chiavetta ▪ lo schermo ▪ la tastiera
▪ la chiocciola ▪ le cuffiette

1 Ieri ho ascoltato le mie canzoni preferite a tutto volume, naturalmente con _____!

2 Volevo chiamarti con Skype, ma _____ non funzionava e non ci sono riuscito.

3 Mio padre mi ha fatto una sorpresa: mi ha comprato _____ portatile, molto pratica.

4 Lo sapevi che in italiano _____ è anche un piccolo animale?

5 Adesso è molto facile trasmettere documenti, non solo via email ma anche con _____.

6 Finalmente a scuola abbiamo la LIM in classe: _____ è grande e molto utile.

3 Trova l'intruso... tecnologico.

1 automobile – bicicletta – camion – computer
2 porta – chiave – chiavetta – finestra
3 tastiera – sedia – tavolo – tovaglia
4 parete – pavimento – tetto – schermo
5 incrocio – segnale – connessione – strada
6 campagna – città – periferia – sito
7 email – lettera – biglietto – cartello
8 rivista – giornale – libro digitale – quaderno

4 Leggi e completa il testo con le parole mancanti.

tutto il pomeriggio ▪ nessuna ricerca ▪ tante
informazioni ▪ alcuni appunti ▪ tutti quei libri
▪ qualche ricerca ▪ qualche parola ▪ pochi secondi

Internet per studiare

Quando sto davanti al computer per fare
_____, mia madre ripete sempre
che quando aveva la mia età non era possibile fare
_____ in questo modo,
semplicemente perché internet non esisteva.

Però esistevano i libri e le enciclopedie...
I suoi genitori li tenevano nel loro studio e lei
consultava _____, poi prendeva
_____ e li scriveva sul suo
quaderno a righe.
Ci metteva tanto tempo, a volte ci voleva
_____!
Noi siamo veramente fortunati: riusciamo a trovare
tutto su internet, dobbiamo solamente digitare
_____ e il motore
di ricerca ci aiuta a trovare _____
in _____.

1 (11) Ascolta e osserva le scene di questa storia a fumetti, poi scrivi le frasi. Prova a rappresentare con un/a compagno/a il dialogo dei due protagonisti.

L'imperfetto

1 Imperfetto o passato prossimo? Sottolinea il tempo giusto.

1 Gianni stava/è stato due giorni fuori per lavoro, ieri tornava/è tornato a casa.

2 A Susanna è piaciuto/piaceva il concerto di Jovanotti, ma era/è stata troppo lontana dal palco.

3 Mia nonna Luisa ha fatto/faceva un dolce al forno, ne abbiamo assaggiato/assaggiavamo un pezzo.

4 Sergio cantava/ha cantato allegramente una canzone, mentre è andato/andava al lavoro.

5 Paola era molto veloce: mentre lei finiva/ha finito, io ho cominciato/cominciavo a scrivere.

6 La direzione della scuola ci ha scritto/scriveva una comunicazione: dove l'hai messa/la mettevi?

2 Coniuga i verbi tra parentesi all'imperfetto o al passato prossimo.

1 Mentre l'autobus (fermarsi) _____, la signora (chiedere) _____ di scendere.

2 La commessa mi (dare) _____ il resto, mentre (controllare) _____ lo scontrino.

3 Ieri sera, mentre (guardare) _____ la tv, (sentire) _____ il segnale del tuo SMS.

4 Mentre noi (ammirare) _____ il cellulare nuovo di Sofia, lei ci (sorridere) _____.

5 Il cane di Sandro (correre) _____ alla porta, mentre lui (arrivare) _____ a casa.

6 Domenica scorsa, mentre (noi, fare) _____ una passeggiata, (vedere) _____ un bellissimo tramonto.

3 Unisci le due parti di ogni frase.

1 ☐ Mia zia guardava sempre le vetrine,

2 ☐ Gli studenti hanno fatto subito silenzio,

3 ☐ La madre di Carla faceva la spesa,

4 ☐ I nostri vicini si lamentavano,

5 ☐ Voi avete perso la concentrazione,

6 ☐ Ieri al cinema faceva molto caldo,

7 ☐ Cecilia ha avuto un incidente al ginocchio,

a mentre il professore arrivava con il preside.

b mentre Carla era a lezione di musica.

c mentre guardavamo il film.

d mentre mio fratello suonava la batteria.

e mentre cercavate di risolvere il problema.

f mentre faceva allenamento di atletica.

g mentre mio zio camminava in fretta.

4 Leggi e coniuga i verbi ai tempi del passato.

Federico è / _____ un tipo veramente preciso e puntuale.
Quando inizia / _____ un lavoro, vuole / _____ finirlo subito.
A volte è / _____ troppo impaziente e quindi si mette / _____ nei guai, mentre cerca / _____ di risolvere in fretta qualche problema tecnico...
Ad esempio, lui ascolta / _____ tanta musica mentre è / _____ al computer.
Se la cassa acustica non funziona / _____ bene, lui la sostituisce / _____.
Poi scopre / _____ che la connessione internet manca / _____ per qualche minuto e crea / _____ qualche problema di ascolto dal sito.
Ma ormai è / _____ troppo tardi: non riesce / _____ a recuperare la sua cassa acustica. Povero Federico!

HOME   CONSIGLI   CURIOSITÀ   FUNZIONI   NOVITÀ

Computer facile

I verbi 'cercare di' e 'riuscire a'

5 Completa le frasi con il verbo giusto: 'cerca di/riesci a'.

1 _____ arrivare più puntuale, per favore!

2 (voi) _____ vedere quell'aereo su in alto?

3 Secondo te, Laura _____ finire la tesi?

4 Ragazzi, _____ rispettare certe regole!

5 (noi) _____ lavorare tutti insieme?

6 (voi) _____ andare d'accordo!

7 Michele è fortunato: _____ fare tutto!

8 Aspetta! Non _____ correre!

6 Rispondi alle domande, coniugando il verbo 'riuscirci'.

Secondo te...

1 riusciamo a connetterci entro le 13.00?

(Sì) _____

2 loro riescono a fare la spesa per stasera?

(No) _____

3 Giulia riesce a partire con questo treno?

(No) _____

4 Antonio riesce a mangiare tutto il panino?

(Sì) _____

5 riuscite a finire tutti i compiti per domani?

(Sì) _____

6 riesco a consegnare questa relazione in inglese?

(No) _____

7 riusciamo ad arrivare a scuola alle 8.00?

(No) _____

8 E tu, riesci a completare questo esercizio?

_____

7 Completa le frasi con l'aggettivo indefinito giusto.

1 In _____ momento ho pensato di lasciare questa scuola.

   a ☐ molto

   b ☐ nessun

2 _____ argomento ci interessa: siamo molto curiosi.

   a ☐ qualsiasi

   b ☐ alcun

3 _____ persone aspettano davanti al negozio di informatica.

   a ☐ ogni

   b ☐ tante

4 _____ gli abitanti del paese cercano di connettersi.

   a ☐ tutti

   b ☐ troppi

5 _____ giorni di primavera sono proprio belli, vero?

   a ☐ alcun

   b ☐ certi

6 _____ volta il nostro computer si blocca e dobbiamo riavviarlo.

   a ☐ qualche

   b ☐ qualunque

8 Completa il testo con gli aggettivi indefiniti. Rileggi il testo *Internet per studiare* a pagina 22.

Quando sto davanti al computer per fare _____ ricerca, mia madre ripete sempre che quando aveva la mia età non era possibile fare _____ ricerca in questo modo, semplicemente perché internet non esisteva. Però esistevano _____ libri e _____ enciclopedie... I suoi genitori li tenevano nel loro studio e lei li consultava per _____ ore, poi prendeva _____ appunti e li scriveva sul suo quaderno a righe. Ci metteva _____ tempo, a volte ci voleva _____ il pomeriggio! Noi siamo veramente fortunati: riusciamo a trovare _____ le informazioni su internet, dobbiamo solamente digitare _____ parola-chiave e il motore di ricerca ci aiuta a trovare _____ il materiale in _____ minuti.

Ascoltare

1 (12) Ascolta il messaggio pubblicitario e indica se
le affermazioni sono vere o false. Correggi
le affermazioni false. Attenzione: la promozione
è del mese scorso!

		V	F
1	La promozione riguardava solamente i nuovi clienti.	☐	☐
2	Si trattava di una promozione valida per 30 giorni.	☐	☐
3	Il cliente poteva inviare tutti gli SMS che voleva.	☐	☐
4	Poteva fare fino a 250 chiamate gratuite.	☐	☐
5	Se superava le 250 chiamate, il cellulare si bloccava.	☐	☐
6	Poteva navigare in internet, fino a 1 GB di capacità.	☐	☐
7	Si poteva fare la ricarica nei punti vendita autorizzati.	☐	☐
8	Con questa promozione si riusciva a risparmiare molto.	☐	☐

Parlare

2 (12) Riascolta il messaggio pubblicitario
e cerca di convincere i tuoi amici ad acquistare
un nuovo modello di cellulare.

Leggere

3 Leggi questo testo e rileggi il testo di pagina 41 del libro dello studente, poi abbina i consigli agli argomenti corrispondenti.

Consigli per i giovani navigatori

1 ☐ Quando sei in internet non dare mai a nessuno il tuo indirizzo di casa, il tuo numero di telefono, la tua email o il nome della tua scuola, senza il permesso dei tuoi genitori.

2 ☐ Non prendere appuntamenti con persone conosciute in internet, senza chiedere il permesso ai tuoi genitori.

3 ☐ Internet può essere molto costoso: se giochi on line, controlla la durata del tuo collegamento.

4 ☐ Non aprire email o allegati spediti da persone che non conosci: potrebbero trasmettere virus al tuo computer.

5 ☐ Se ti arriva un messaggio o se trovi un materiale aggressivo quando navighi in internet, non rispondere e avvisa i tuoi genitori o i tuoi insegnanti.

6 ☐ Non visitare i siti vietati ai minori di 18 anni. Questo divieto serve a proteggerti.

7 ☐ Se vuoi fare qualche acquisto on line, chiedi un consiglio ai tuoi genitori. Fai attenzione alle offerte troppo vantaggiose.

8 ☐ Non dare mai la tua parola-chiave (password) a nessuno.

a Acquisto e promozioni on line

b Giochi con connessione a pagamento

c Messaggi o materiali aggressivi

d Appuntamenti con persone sconosciute

e Siti vietati ai minori di 18 anni

f Parola-chiave (password)

g Email o allegati con virus

h Dati personali in internet

Scrivere

4 Rileggi il testo dell'esercizio 3 e cerca di scrivere le tue esperienze sugli argomenti elencati nell'esercizio.

Sei alla fine dell'Unità 3. Che cosa sai fare?

Nella comunicazione orale sono capace di ...

- chiedere e rispondere sull'uso di strumenti informatici per la comunicazione

1 Descrivi le funzioni del tuo cellulare o del tuo computer.

- descrivere le caratteristiche e le funzioni di uno strumento informatico

2 Vuoi avere un tablet.
Cerca di convincere i tuoi genitori.

Nella comunicazione scritta sono capace di ...

- descrivere i vantaggi di internet

3 Scrivi un breve testo per descrivere l'utilità di internet.

- offrire alcuni consigli per la navigazione sicura in internet

4 Scrivi un'email a un amico di penna, con i tuoi consigli per navigare in internet senza problemi.

Libro dello studente, pp. 52-53

1 (13) **Ascolta il dialogo di pagina 52 del libro dello studente e completa il testo.**

Patrizia: Ciao Ennio, mi serve un consiglio. Voglio fare _____ per Emergency, ma non so bene come muovermi.

Ennio: Innanzitutto dovresti visitare il sito di Emergency e vedere le iniziative già in corso per aiutare _____. È il modo migliore per conoscere le attività dei volontari. In effetti, fanno un po' di tutto: _____ eventi culturali, cene, concerti, addirittura dei corsi. Poi il ricavato di queste _____ va tutto a Emergency.

Patrizia: Ho già visitato il _____, ma non ho visto nessun _____ da compilare per entrare tra i volontari.

Ennio: Sul sito c'è una sezione dedicata al _____. Potresti mandare una email ai _____ e informarti. Hai già pensato a qualche iniziativa?

Patrizia: Mentre parlavi, ho pensato a un _____. Non sono certo la migliore chitarrista del mondo, ma neanche la peggiore... suono piuttosto bene.

Ennio: Ottima _____!

Patrizia: Certo, organizzare un corso è un'_____ che richiede molto tempo... spero di trovarne abbastanza, con tutti gli _____ che ho. Hai altri _____ da darmi?

Ennio: In alternativa potresti fare una campagna di _____ nelle scuole. Potresti informarti sulle attività di Emergency nelle zone di guerra del mondo e poi parlarne agli _____. Potresti chiedere ai responsabili come organizzare questi _____ nel modo migliore.

Patrizia: Questa mi sembra un'ottima _____... ora ci penso un po' su e poi ne parliamo di nuovo. Grazie per ora!

2 **Rileggi il testo su Emergency a pagina 53 del libro dello studente e scegli l'informazione giusta.**

1 Emergency è
   a ☐ un'associazione italiana senza scopo di lucro.
   b ☐ un'impresa indiana di informatica.
   c ☐ una scuola di inglese per medici.

2 Il suo fondatore è
   a ☐ Giuseppe Verdi, un musicista.
   b ☐ Gino Strada, un chirurgo.
   c ☐ Laura Pausini, una cantante.

3 Dal 1994 a oggi
   a ☐ ha soccorso le vittime di incidenti stradali.
   b ☐ ha aiutato tanti bambini abbandonati.
   c ☐ ha portato cure mediche alle vittime di guerra.

4 Il suo impegno concreto è rivolto
   a ☐ contro il consumo di alcol tra i giovani.
   b ☐ contro l'uso delle mine antiuomo.
   c ☐ contro le manifestazioni pacifiste.

5 Cerca di promuovere soprattutto
   a ☐ un accordo di pace tra i popoli in guerra.
   b ☐ un'alleanza tra le grandi potenze militari.
   c ☐ una cultura di pace, solidarietà e rispetto.

6 Emergency riunisce in Italia
   a ☐ circa 162 gruppi di volontari.
   b ☐ più di 162 mila soci sostenitori.
   c ☐ circa 1620 responsabili e volontari.

EMERGENCY

4 LESSICO

Libro dello studente, pp. 54-55

1 Trova nel serpentone il nome o la sigla di 5 associazioni, le lettere rimanenti completano la frase.

Quando tutti scappano, _ _ _ _ _   _ _ _ _ _ _ arriva.

2 Rileggi il dialogo di pagina 52 e abbina i verbi e le parole del volontariato.

1	☐ aiutare	a	le attività
2	☐ collaborare	b	informazioni
3	☐ visitare	c	agli studenti
4	☐ partecipare	d	il modulo
5	☐ chiedere	e	eventi culturali
6	☐ organizzare	f	una email
7	☐ mandare	g	il sito
8	☐ compilare	h	agli incontri
9	☐ parlare	i	con l'associazione
10	☐ conoscere	l	i volontari

3 Abbina ogni associazione alla sua finalità.

1 ☐ UNICEF
2 ☐ Legambiente
3 ☐ Amnesty International
4 ☐ WWF
5 ☐ Protezione Civile
6 ☐ LIPU
7 ☐ Comunità Emmaus
8 ☐ AVIS
9 ☐ Caritas
10 ☐ FAI

a Aiutare i poveri.
b Raccogliere fondi per monumenti e paesaggi.
c Proteggere gli uccelli.
d Prevenire e soccorrere in emergenze naturali.
e Promuovere la protezione dell'ambiente.
f Raccogliere fondi e sensibilizzare su temi ecologici in tutto il mondo.
g Aiutare e proteggere i bambini in tutto il mondo.
h Donare sangue ai malati.
i Aiutare i giovani in difficoltà.
l Difendere i diritti umani in tutto il mondo.

4 Leggi e completa le frasi con le parole nel riquadro.

capacità ■ compagnia ■ utile ■ anziani ■ imparare ■ tempo ■ ambiente ■ donare ■ malati ■ frequentare

1 In Italia ci sono molte associazioni che aiutano gli _____.
2 I volontari spesso devono _____ un corso di formazione.
3 A volte si può aiutare una persona sola con un po' di _____.
4 Sarebbe _____ per il gruppo fare un incontro alla settimana.
5 L'associazione internazionale WWF si impegna per l'_____.
6 Nelle associazioni di volontariato si può _____ molto.
7 I giovani possono dedicare un po' del loro _____ agli altri.
8 Un volontario può esprimere e utilizzare anche le sue _____.
9 Negli ospedali italiani, i _____ possono ricevere la visita di volontari.
10 La Caritas italiana permette a chiunque di _____ cibo e vestiti ai poveri.

Libro dello studente, pp. 56-57

1 (14) Ascolta l'intervista con il volontario dell'UNICEF e metti in ordine le parti del testo.

- [ ] **a** L'UNICEF ha la sua sede centrale a New York, è presente in 158 Paesi e si occupa di assistenza umanitaria per i bambini e le loro madri in tutto il mondo, principalmente nei Paesi in via di sviluppo.

- [ ] **b** Questa agenzia internazionale è finanziata con contributi volontari di governi e istituzioni nazionali, imprese private e semplici cittadini.

- [ ] **c** Ha ricevuto il premio Nobel per la pace nel 1965, ma svolge la sua attività ancora oggi in tanti settori della società civile, sempre con la finalità di sostenere l'infanzia.

- [ ] **d** Il Fondo delle Nazioni Unite per l'infanzia (UNICEF) è un'agenzia delle Nazioni Unite fondata l'11 dicembre 1946 per aiutare i bambini vittime della Seconda Guerra mondiale.

- [ ] **e** Nel 2000 l'UNICEF ha fissato le priorità per investire le sue risorse economiche e umane nei seguenti settori di intervento: sviluppo della prima infanzia, vaccinazioni e cure a basso costo, protezione dallo sfruttamento, istruzione di base per le bambine, lotta all'HIV/AIDS.

- [ ] **f** Rispetta la Convenzione internazionale sui diritti dell'infanzia del 1989 e si impegna per affermare i diritti dei bambini come principio etico permanente e per stabilire criteri di comportamento verso i bambini validi per tutti.

2 Rileggi le informazioni su Emergency e sull'UNICEF, poi completa la tabella.

EMERGENCY	unicef

3 Ora prova a scrivere la tua opinione: in quale delle due associazioni ti piacerebbe fare volontariato? Perché? Rispondi e parlane con i tuoi compagni.

VOLONTARIO

Comparativi e superlativi

1 Leggi le frasi e sottolinea il comparativo giusto.

1 Il postino ha suonato al secondo piano, ma noi abitiamo al piano *inferiore/superiore* (3° piano).

2 La preparazione dei vostri studenti (meno bravi) è *superiore/inferiore* a quella dei nostri studenti.

3 La qualità della pasta all'estero è *peggiore/migliore* (meno buona) di quella in Italia, non è mai al dente!

4 Lo stipendio dei lavoratori italiani è *superiore/inferiore* (più basso) a quello dei lavoratori tedeschi.

5 Complimenti! Tuo fratello *minore/maggiore* (più piccolo) sarebbe veramente perfetto per fare teatro.

6 Lo sai? Mia figlia *maggiore/minore* (più grande) frequenta già l'università, ha quasi finito gli esami.

7 Questa scuola superiore è *migliore/peggiore* (più buona) di quella che abbiamo visitato insieme: ti piacerebbe?

8 Oggi sto bene: la giornata di ieri è stata *migliore/peggiore* (più cattiva), domani sarà certamente *migliore/peggiore* (più buona)!

2 Completa le frasi con i superlativi assoluti o relativi.

1 Queste foto hanno una _____ definizione: le hai fatte con il tuo cellulare?

2 Hai avuto un'_____ idea! Andiamo al mare tutti insieme!

3 La soluzione _____ sarebbe iscriversi tra qualche mese, ma non si può!

4 La _____ tra tutte le sorelle era la più intelligente e coraggiosa, ora vive in Australia!

5 L'architetto non ha fatto un buon lavoro: il progetto della casa è _____.

6 Lo studio e l'impegno potrebbero darti _____ risultati, non rinunciare!

7 I miei nonni hanno vissuto le _____ situazioni della loro vita quando l'Italia era in guerra.

8 Le condizioni di vita in Canada, secondo me, sarebbero _____ per un giovane scienziato.

3 Comparativo (C) o superlativo relativo (SR)? Scegli la definizione giusta.

	C	SR
1 Ragazzi, fare i compiti per domani sarebbe la scelta migliore.	☐	☐
2 Questo cappuccino è peggiore di quello che hai preparato a casa.	☐	☐
3 I signori Bianchi sarebbero veramente i migliori vicini di casa.	☐	☐
4 Fa molto caldo, ma per me la situazione sarebbe peggiore in un clima freddo.	☐	☐
5 La certificazione B1 porta gli studenti a un livello superiore di preparazione.	☐	☐
6 Anna ha il migliore smartphone della classe, lo vorresti anche tu?	☐	☐
7 Sarebbe necessario cambiare molte abitudini, per un uso migliore di internet.	☐	☐
8 Molto spesso le prime impressioni sono le peggiori, poi si fa più attenzione.	☐	☐

4 Completa il testo con i superlativi relativi o assoluti, utilizzando gli aggettivi tra parentesi.

Mia zia Liliana è una donna (gentile) _____ e (simpatica) _____. Tra le donne che conosco, forse è (generosa) _____: quando era (giovane) _____ voleva aiutare sempre gli altri, infatti si è iscritta all'AVIS per donare sangue ai malati che ne avevano il (grande) _____ bisogno. L'idea le sembrava (buona) _____, ma lei non sapeva che ci volevano alcuni requisiti (piccoli) _____, ad esempio lei era troppo magra. La notizia per lei è stata (cattiva) _____, ma non ha perso il coraggio e la voglia, con una (grande) _____ conoscenza delle sue capacità, si è iscritta al WWF. Viva zia Liliana e viva la Natura!

Condizionale per i consigli

5 Trasforma le frasi, mettendo i verbi al condizionale.

1 Puoi andare a lavorare in autobus, così risparmi tempo e denaro.

_____

_____

2 Devi studiare tutte le materie, non solo quelle che ti piacciono.

_____

_____

3 Ti piace comprare un vestito nuovo per la festa di sabato?

_____

_____

4 Vuoi proprio uscire con i tuoi amici stasera?

_____

_____

5 Tua madre deve ascoltare più musica pop e leggere le tue riviste.

_____

_____

6 I nostri compagni possono vedere questo DVD alla LIM in classe.

_____

_____

_____

6 Scrivi le domande giuste per i consigli dati.

1 _____

_____ ?

Dovresti rispondere subito all'email: Carla aspetta una risposta.

2 _____

_____ ?

No, non potrei prendere il treno delle 18.00, sarebbe troppo presto.

3 _____

_____ ?

Certo, dovreste prepararvi per la verifica di scienze: è proprio domani.

4 _____

_____ ?

Sì, i genitori potrebbero partecipare al consiglio di classe di venerdì prossimo.

Ripresa di 'ne'

7 Rispondi alle domande usando 'ne'.

1 Domani parliamo meglio di questo argomento?
(Sì) _____

2 La tua scuola ha bisogno di una LIM per ogni classe?
(Sì) _____

3 I professori tengono conto dei test preliminari?
(No) _____

4 I ricercatori considerano anche i vantaggi di internet?
(Sì) _____

5 I volontari discutono i dettagli della manifestazione?
(Sì) _____

6 Il vostro rappresentante è uscito bene dal confronto?
(No) _____

7 Sentite la mancanza delle vostre compagne di scuola?
(Sì) _____

8 Tuo padre vede la necessità di un colloquio con il prof?
(No) _____

8 Completa il testo con i pronomi diretti o con 'ne'.

A scuola parliamo spesso delle associazioni di volontariato: _____ parliamo soprattutto con la professoressa di italiano, storia e geografia. Nel mondo ci sono tantissime associazioni, _____ sappiamo, ma quelle italiane _____ conosciamo meglio. Tutti noi abbiamo ascoltato i nomi di Legambiente, AVIS, FAI, e di tante altre. _____ abbiamo sentito anche i messaggi promozionali e le campagne di sensibilizzazione, alla tv, alla radio o in internet. Fare volontariato richiede impegno e costanza, ma _____ scopriamo ogni volta i vantaggi. Insomma, questa esperienza dovremmo proprio far_____ tutti!

Ascoltare

1 (15) Ascolta i dialoghi e completa la tabella.

	Alessandro	**Giulia**	**Caterina**	**Lorenzo**
Attività				
Frequenza				
Destinatari				
Vantaggi				
Parlare				

Parlare

2 Fare o non fare volontariato? Perché? Raccogli le opinioni dei tuoi familiari e dei tuoi amici, poi parlane in classe.

Padre	**Madre**	**Fratello/Sorella**	**Amico/Amica**

Leggere

3 Leggi il testo e sottolinea i superlativi, poi scrivi gli aggettivi.

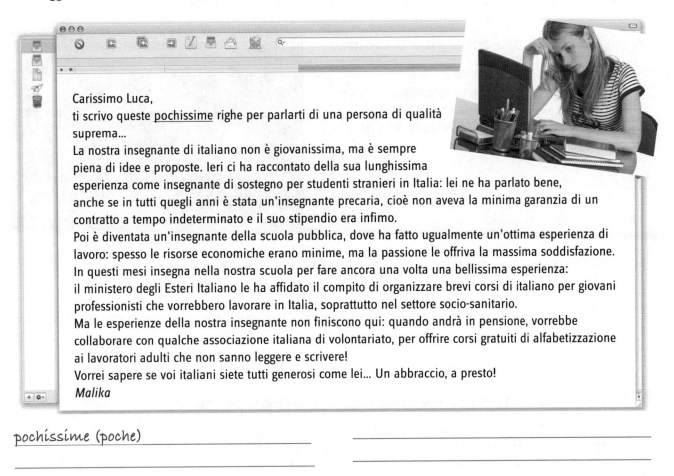

Carissimo Luca,
ti scrivo queste <u>pochissime</u> righe per parlarti di una persona di qualità suprema...
La nostra insegnante di italiano non è giovanissima, ma è sempre piena di idee e proposte. Ieri ci ha raccontato della sua lunghissima esperienza come insegnante di sostegno per studenti stranieri in Italia: lei ne ha parlato bene, anche se in tutti quegli anni è stata un'insegnante precaria, cioè non aveva la minima garanzia di un contratto a tempo indeterminato e il suo stipendio era infimo.
Poi è diventata un'insegnante della scuola pubblica, dove ha fatto ugualmente un'ottima esperienza di lavoro: spesso le risorse economiche erano minime, ma la passione le offriva la massima soddisfazione.
In questi mesi insegna nella nostra scuola per fare ancora una volta una bellissima esperienza:
il ministero degli Esteri Italiano le ha affidato il compito di organizzare brevi corsi di italiano per giovani professionisti che vorrebbero lavorare in Italia, soprattutto nel settore socio-sanitario.
Ma le esperienze della nostra insegnante non finiscono qui: quando andrà in pensione, vorrebbe collaborare con qualche associazione italiana di volontariato, per offrire corsi gratuiti di alfabetizzazione ai lavoratori adulti che non sanno leggere e scrivere!
Vorrei sapere se voi italiani siete tutti generosi come lei... Un abbraccio, a presto!
Malika

pochissime (poche) _____   _____

_____   _____

_____   _____

_____   _____

4 Rileggi l'email di Malika e scrivi anche tu a un amico, descrivendo il tuo/la tua insegnante di italiano.

Sei alla fine dell'Unità 4. Che cosa sai fare?

Nella comunicazione orale sono capace di ...

■ **chiedere e dare consigli a un amico**

1 Vorresti scegliere un'attività di volontariato. Chiedi un consiglio al tuo insegnante o ai tuoi amici, poi esprimi la tua opinione sulla scelta dei tuoi compagni.

■ **spiegare le motivazioni e le finalità di una scelta**

2 Spiega alla tua classe perché hai scelto un'associazione di volontariato e in quali attività vorresti impegnare il tuo tempo.

Nella comunicazione scritta sono capace di ...

■ **sintetizzare le finalità di un'associazione di volontariato**

3 Rileggi le informazioni su alcune associazioni di volontariato in Italia alle pagine 62-63 e prova a fare una sintesi per un potenziale volontario.

Libro dello studente, pp. 64-65

1 (16) Ascolta il dialogo di pagina 64 del libro dello studente e rispondi alle domande.

1 Che cosa devono fare i due compagni di scuola?

_____

2 Qual è il loro atteggiamento?

_____

_____

3 Secondo Giusy, che cosa vorrà Patrizia?

_____

4 E invece Tobia?

_____

5 Che periodo è per quelli del segno del Toro?

_____

_____

6 E per il segno dei Gemelli?

_____

_____

7 Che cosa dice l'oroscopo dei Pesci?

_____

_____

8 E quello dell'Ariete?

_____

_____

2 (16) Riascolta il dialogo, poi scrivi nella tabella i personaggi e il loro segno zodiacale con il consiglio corrispondente.

Personaggio	Segno zodiacale	Consiglio dell'oroscopo

1 Scrivi i 12 segni zodiacali nel cruciverba.
Le caselle con le lettere ti aiuteranno.

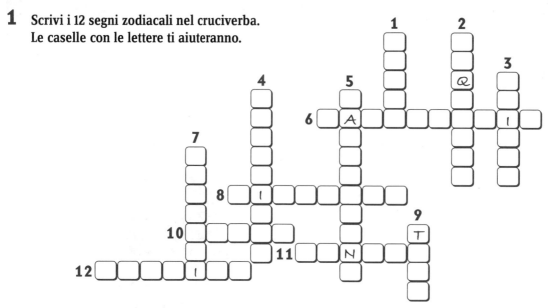

2 Conosci il calendario astrologico? Trova e scrivi i 12 segni zodiacali in ordine cronologico.

1 _____
2 _____
3 _____
4 _____
5 _____
6 _____
7 _____
8 _____
9 _____
10 _____
11 _____
12 _____

3 Ora scrivi per ogni periodo il segno giusto. Le date possono variare di qualche giorno.

1 Dal 23 novembre al 21 dicembre: _____

2 Dal 23 luglio al 23 agosto: _____

3 Dal 21 marzo al 20 aprile: _____

4 Dal 22 settembre al 22 ottobre: _____

5 Dal 22 giugno al 21 luglio: _____

6 Dal 21 gennaio al 19 febbraio: _____

7 Dal 24 agosto al 22 settembre: _____

8 Dal 20 febbraio al 20 marzo: _____

9 Dal 21 aprile al 20 maggio: _____

10 Dal 23 ottobre al 22 novembre: _____

11 Dal 22 dicembre al 20 gennaio: _____

12 Dal 21 maggio al 21 giugno: _____

4 Sintetizza le caratteristiche dei nati di ogni segno zodiacale con due aggettivi.

1 Ariete: _____, _____.

2 Toro: _____, _____.

3 Gemelli: _____, _____.

4 Cancro: _____, _____.

5 Leone: _____, _____.

6 Vergine: _____, _____.

7 Bilancia: _____, _____.

8 Scorpione: _____, _____.

9 Sagittario: _____, _____.

10 Capricorno: _____, _____.

11 Acquario: _____, _____.

12 Pesci: _____, _____.

COMUNICAZIONE ⑤

1 ⑰ Ascolta i dialoghi, osserva le illustrazioni e scrivi le tue ipotesi. Poi prova a rappresentare le situazioni con il tuo compagno.

1 _____
_____

2 _____
_____

3 _____
_____

4 _____
_____

2 Porta fortuna o sfortuna? Osserva questi oggetti tipici della superstizione in Italia. Prova a fare un confronto con le tradizioni del tuo Paese.

1 _____
_____
_____

2 _____
_____
_____

3 _____
_____
_____

4 _____
_____
_____

3 Leggi questi modi di dire italiani. Prova a esprimere il loro significato, poi trova alcuni modi di dire corrispondenti nella tua lingua.

1 In bocca al lupo! _____

2 Cento di questi giorni! _____

3 Essere baciato dalla fortuna. _____

4 Incrociare le dita. _____

5 Nascere sotto una buona stella. _____

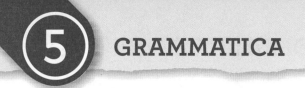

Il futuro epistemico

1 Completa le descrizioni con i verbi nel riquadro al futuro.

> superare ▪ amare ▪ apparire ▪ riuscire a ▪ cercare
> ▪ potere ▪ divertirsi ▪ sembrare ▪ lavorare
> ▪ credere ▪ cambiare ▪ volere

1 Grazia è dell'Ariete: _____ agire e organizzare.

2 Marcello è del Toro: _____ le difficoltà con tenacia.

3 Paola è dei Gemelli: _____ a fare più cose.

4 Letizia è del Cancro: _____ molto la famiglia.

5 Giulio è del Leone: _____ molto sicura di sé.

6 Elena è della Vergine: _____ precisa e razionale.

7 Marina è della Bilancia: _____ la bellezza.

8 Alessio è dello Scorpione: _____ essere molto critico.

9 Teresa è del Sagittario: _____ facilmente.

10 Cecilia è del Capricorno: _____ con serietà.

11 Fabrizio è dell'Acquario: _____ nell'amicizia.

12 Antonio è dei Pesci: _____ spesso di umore.

2 Costruisci le ipotesi e rispondi alle domande.

1 Secondo te, Marta fa la spesa per il pranzo?
  - al supermercato. / ora / Sì, penso che sarà

  _____

2 In genere quanto tempo ci metti per arrivare a scuola a piedi?
  - dieci minuti / ci metterò / al massimo.

  _____

3 Andiamo al cinema stasera! Sai che ore sono?
  - non c'è fretta / saranno le sette / non ti agitare!

  _____

4 Sempre questi SMS... ma che cosa vogliono da te?!
  - a uscire con loro. / vorranno invitarmi / forse

  _____

3 Abbina le frasi alle ipotesi.

1 ☐ Linda e Sara sono già in ufficio:

2 ☐ L'Inter ha vinto la partita:

3 ☐ In segreteria non risponde nessuno:

4 ☐ La lezione comincia e Mario non si vede:

5 ☐ Il nostro cane abbaia:

6 ☐ Non so l'ora, ma

7 ☐ Luigi è dei Gemelli:

8 ☐ Se Mario parte con noi

a allora adesso verrà in auto.

b non avrà sentito la sveglia come al solito!

c la scuola sarà chiusa per neve.

d avrà sentito un rumore!

e saprà fare molte cose insieme.

f i giocatori festeggeranno negli spogliatoi ora!

g avranno molto lavoro da fare!

h saranno le 7 al massimo.

4 Completa le ipotesi coniugando i verbi al futuro.

1 Perché Marco non viene a tavola?
  - Non lo so, (stare) _____ in camera sua.

2 Giorgio è a Milano?
  - (Essere) _____ a Venezia ora.

3 Finalmente è estate!
  - Pensi che (essere) _____ ora di prendere il sole?

4 Dobbiamo accompagnare le tue amiche?
  - No, (essere) _____ già a casa.

I verbi inaccusativi

5 Leggi le frasi e sottolinea i verbi inaccusativi.

1 Stefano ha comprato la sua agenda in libreria.

2 Marco e Lorenzo sono partiti insieme.

3 Mi dispiace lasciare il cane da solo a casa.

4 La crisi aumenta le difficoltà in famiglia.

5 L'autobus si è fermato davanti alla stazione.

6 La nave è affondata lontano dalla costa.

7 La pioggia stasera cade in modo insistente.

8 Tuo padre ha parlato con i professori: devi impegnarti!

6 Trasforma le frasi, mettendo i verbi al passato.

1 Il tempo vola stamattina: quanto stress!

_____

2 Il treno parte puntualmente alle 21.00.

_____

3 Mia nonna guarisce subito dal raffreddore.

_____

4 Attenzione! Forse ti penti della tua scelta?

_____

5 La classe scoppia in una risata collettiva.

_____

6 I ragazzi si arrabbiano troppo facilmente.

_____

7 Il loro bambino si siede a tavola per ultimo.

_____

8 Marisa si dispera a causa del suo oroscopo.

_____

7 Sottolinea il soggetto delle frasi, poi trasformale con il pronome 'ne'.

1 Molti passeggeri partono con questo volo.

_____

2 In ufficio arrivano tante email ogni giorno.

_____

3 In primavera nascono tanti bei fiori.

_____

4 In Italia tanti ciclisti corrono sulla strada.

_____

5 Agli uomini maturi cadono molti capelli.

_____

6 Tanti bambini guariscono dall'influenza.

_____

7 Nel mondo scoppiano tante guerre locali.

_____

8 Durante la lettura, molti pensieri volano via.

_____

8 Ci credi o non ci credi? Rispondi in modo personale, spiegando perché.

1 Sul pianeta Marte ci sono degli esseri viventi: i marziani.

_____

_____

2 La professoressa di italiano vuole portarvi in gita a Venezia.

_____

_____

3 Marzia e Martina non vanno più d'accordo, litigano sempre.

_____

_____

4 Non aprire l'ombrello in sala: porta sfortuna!

_____

_____

_____

Ascoltare

1 (18) Ascolta l'oroscopo alla radio, poi scegli la risposta giusta.

1 I nati dell'Ariete
- a ☐ potranno seguire i loro obiettivi.
- b ☐ dovranno fermarsi subito.
- c ☐ non potranno fare niente.

2 I nati del Toro
- a ☐ non avranno nessuna prospettiva.
- b ☐ potranno lavorare molto.
- c ☐ dovranno essere prudenti.

3 I nati dei Gemelli
- a ☐ potranno fare sport con gli amici.
- b ☐ dovranno stare a casa.
- c ☐ avranno delle brutte sorprese.

4 I nati del Cancro
- a ☐ dovranno accettare delle critiche.
- b ☐ avranno cambiamenti di umore.
- c ☐ potranno essere molto romantici.

5 I nati del Leone
- a ☐ avranno molto entusiasmo.
- b ☐ non avranno energie.
- c ☐ dovranno evitare le decisioni.

6 I nati della Vergine
- a ☐ potranno fare poche cose.
- b ☐ non dovranno fare niente.
- c ☐ dovranno fare molte cose.

7 I nati della Bilancia
- a ☐ avranno problemi in famiglia.
- b ☐ dovranno avere pazienza.
- c ☐ non avranno nessun problema.

8 I nati dello Scorpione
- a ☐ non potranno avere soddisfazioni.
- b ☐ avranno molte soddisfazioni.
- c ☐ non dovranno impegnarsi.

9 I nati del Sagittario
- a ☐ dovranno preoccuparsi.
- b ☐ potranno rilassarsi un po'.
- c ☐ non avranno più preoccupazioni.

10 I nati del Capricorno
- a ☐ non avranno imprevisti.
- b ☐ avranno qualche imprevisto.
- c ☐ dovranno difendersi dagli imprevisti.

11 I nati dell'Acquario
- a ☐ avranno una giornata dinamica.
- b ☐ non avranno molta fortuna.
- c ☐ avranno una brutta giornata.

12 I nati dei Pesci
- a ☐ potranno spendere tanti soldi.
- b ☐ avranno delle difficoltà finanziarie.
- c ☐ dovranno fare attenzione con le spese.

Parlare

2 Fa' un sondaggio e parla con i tuoi amici: credete o non credete all'oroscopo? Perché?

Leggere

3 Leggi le principali caratteristiche astrologiche e scrivi accanto il nome del segno zodiacale.

1 Le persone di questo segno hanno bisogno di agire.

2 I nati di questo segno sono tenaci e pazienti.

3 I nati del segno sono affidabili e sinceri.

4 I nati del segno hanno un carattere allegro e fiducioso.

5 I nati di questo segno cambiano spesso di umore.

6 Le persone di questo segno sono orgogliose e sicure di sé.

7 I nati del segno sono molto appassionati e critici.

8 Le persone di questo segno sono razionali e precise.

9 I nati del segno sono molto intelligenti e curiosi.

10 I nati del segno sono eleganti e riflessivi.

11 Le persone di questo segno sono disponibili e generose.

12 I nati del segno sono liberi e indipendenti.

4 Trova in internet informazioni sui calendari astrologici di altre tradizioni culturali e prova a fare un confronto con quello occidentale.

Calendario astrologico

CINESE
_____
_____
_____
_____

CELTICO
_____
_____
_____
_____

MAYA
_____
_____
_____
_____

Sei alla fine dell'Unità 5. Che cosa sai fare?

Nella comunicazione orale sono capace di ...

- dire i segni zodiacali e descrivere le loro caratteristiche

1 Indica il tuo segno zodiacale e descrivi in classe le sue principali caratteristiche.

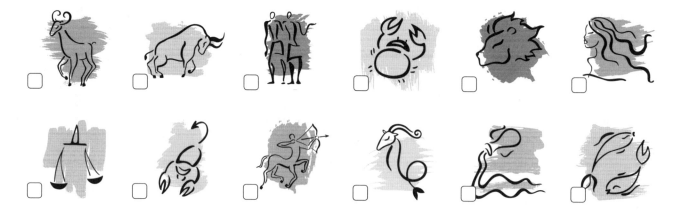

- comprendere e dire i consigli dell'oroscopo

2 Chiedi al tuo compagno qual è il suo segno zodiacale e prova a fare il suo oroscopo per domani.

Nella comunicazione scritta sono capace di ...

- descrivere il mio carattere e fare un confronto con il mio segno zodiacale

3 Scrivi a una tua amica italiana, mettendo a confronto caratteri e segni zodiacali. Metti in evidenza le differenze tra il tuo carattere e la descrizione del tuo segno zodiacale.

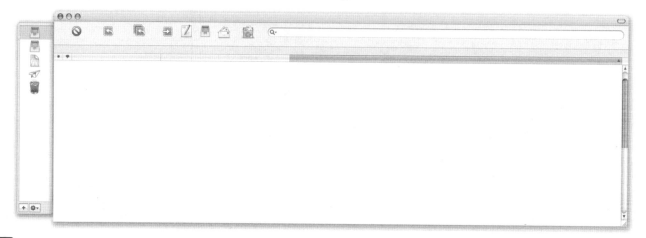

Libro dello studente, pp. 76-77

1 (19) Ascolta l'intervista a pagina 76 del libro dello studente e completa la tabella con le proposte e le esperienze dei personaggi.

Energie rinnovabili	Azioni quotidiane	Campagne e progetti

2 (19) Riascolta l'intervista e completa il testo con le parole giuste.

energia ■ natura ■ pannelli solari ■ ambiente ■ sole ■ pale eoliche ■ vento ■ riscaldamento

Niccolò: Noi in Italia abbiamo (1) _____ e (2) _____, potremmo dare una mano all' (3) _____ sfruttando maggiormente queste fonti. Ho visto le (4) _____ in campagna e sono davvero affascinanti: è una cosa straordinaria produrre (5) _____ grazie alla (6) _____. Penso che dovremmo sviluppare di più questo settore.

Valentina: Sì, è vero. Anche la nostra scuola si sta muovendo in questa direzione, infatti ha installato i (7) _____: adesso abbiamo il (8) _____ grazie al sole e senza inquinare!

3 Leggi il poster sull'Associazione Archelon a pagina 77 del libro dello studente e unisci le due parti di ogni frase.

1 ☐ la pulizia   **a** di materiale informativo

2 ☐ il controllo   **b** dei nidi 24 ore su 24

3 ☐ la costruzione   **c** dei turisti

4 ☐ la distribuzione   **d** di recinti

5 ☐ la sorveglianza   **e** della spiaggia

Libro dello studente, pp. 78-79

1 Scrivi nelle caselle i nomi e i verbi della raccolta differenziata.

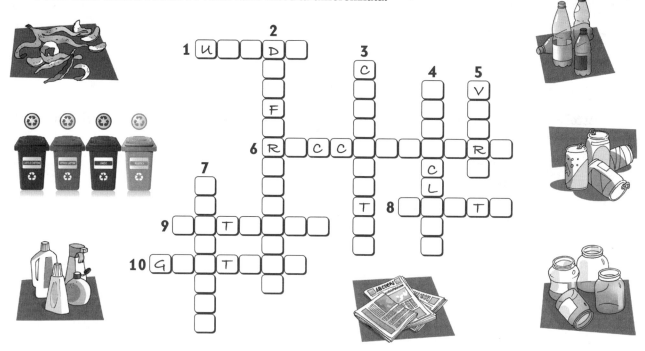

Across/down crossword entries:

1. U _ _ D _
6. R _ C C _ _ _ _ _ _ _ _
8. _ _ _ _ T
9. _ _ T _ _ _
10. G _ _ T _ _

Column letters:
- 2: D F R
- 3: C _ _ T
- 4: _ _ C L
- 5: V R R
- 7: (vertical column)

2 Abbina i tipi di energia alle rispettive fonti, poi scrivi se sono rinnovabili o non rinnovabili.

	Energia		Fonte
1	☐ idraulica	a	calore del sottosuolo
2	☐ geotermica	b	acqua
3	☐ marina	c	sole
4	☐ eolica	d	combustibili
5	☐ fotovoltaica	e	mare
6	☐ elettrica	f	vento

_____
_____
_____
_____
_____
_____

3 Animali in pericolo. Osserva le foto e completa le frasi.

1 La _____ è un piccolo animale di montagna, di colore grigio-bruno.

2 La _____ marina è un rettile che vive in mare ma nasce nella sabbia.

3 La _____ monaca è un mammifero marino con lunghi baffi.

4 Lo _____ vive in montagna e ha corna molto lunghe.

5 Il _____ vive in mare, è molto intelligente e socievole.

6 L'_____ è un rapace che vola sui cieli delle montagne.

1 (20) **Magda e Valentina intervistano altre persone. Ascolta e metti in ordine le interviste.**

A

a ☐ Lei compra oggetti riciclati?

b ☐ Buongiorno signora, stiamo facendo un sondaggio. Che cosa pensa della raccolta differenziata?

c ☐ Sì, i quaderni di mio figlio sono di carta riciclata.

d ☐ Penso che sia una buona soluzione per lottare contro l'inquinamento.

B

a ☐ E perché lo fa?

b ☐ Sì, a casa facciamo sempre la raccolta differenziata.

c ☐ Buongiorno professore, stiamo facendo un sondaggio. Lei fa la raccolta differenziata?

d ☐ Perché penso che bisogna pensare ai problemi dell'ambiente.

C

a ☐ Sì, l'anno scorso a Rimini, sul litorale adriatico.

b ☐ Ciao, stiamo facendo un sondaggio. Hai già partecipato a qualche campagna ecologica?

c ☐ Ho raccolto i resti di spazzatura sulla spiaggia. È stato un po' faticoso, ma anche divertente e molto utile!

d ☐ E che cosa hai fatto?

2 **Immagina di visitare un parco naturale: osserva i cartelli e scrivi gli obblighi e i divieti corrispondenti. Se conosci altri cartelli, puoi disegnarli e descriverli.**

Vietato fotografare ▪ Spegnere i cellulari ▪ Evitare rumori molesti ▪ Vietato fumare
▪ Non accendere fuochi ▪ Limite di velocità

1 _____

2 _____

3 _____

4 _____

5 _____

6 _____

_____

_____

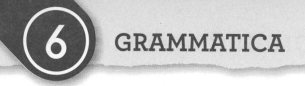

GRAMMATICA

Libro dello studente, pp. 82-83

I comparativi II

1 Completa le frasi con 'di' o 'che'. Attenzione alle preposizioni articolate.

1 A colazione Marina mangia meno ____ a pranzo.

2 Nella gara di atletica Marco è stato più veloce ____ Piero.

3 Questo film è molto meno noioso ____ interessante.

4 Il biglietto di un Frecciarossa è più caro ____ biglietto di un treno regionale.

5 La pista ciclabile è più sicura _____ strada per andare in bicicletta.

6 In questo parco naturale ci sono più orsi ____ lupi.

7 Nadja è russa, ma parla italiano meglio ____ te!

8 Il clima invernale è meno freddo ____ qualche anno fa.

9 Andrea è goloso: ha messo più zucchero ____ cacao nella cioccolata.

10 Fa' attenzione! Devi leggere più attentamente ____ velocemente.

2 Unisci le due parti di ogni frase.

1 ☐ I pannelli solari sono molto più ecologici

2 ☐ La professoressa di inglese è meno severa

3 ☐ La madre di Michele sembra più giovane

4 ☐ Nei boschi italiani ci sono più alberi

5 ☐ Questa famosa modella è meno magra

6 ☐ Tutti sanno che è più utile riciclare

a che buttare via tutti i prodotti usati.

b di quella giovane cantante.

c del professore di matematica.

d di suo padre, quanti anni ha?

e delle caldaie a gasolio.

f che nei giardini pubblici delle città.

Il passato progressivo

3 C'è stato un furto in gioielleria. Immagina di essere un giornalista e scrivi sotto a ogni immagine cosa è successo.

_____   _____

_____   _____

_____   _____

_____   _____

_____   _____

_____   _____

4 (21) Imperfetto o passato progressivo? Ascolta le frasi e segna la casella giusta.

	IMP	PP
1	☐	☐
2	☐	☐
3	☐	☐
4	☐	☐
5	☐	☐
6	☐	☐
7	☐	☐
8	☐	☐
9	☐	☐
10	☐	☐

I pronomi indefiniti

5 Completa le frasi con i pronomi indefiniti giusti.

> chiunque ▪ nessuno ▪ alcune ▪ qualcosa
> ▪ niente ▪ troppi ▪ qualcuno ▪ tutto

1 Sono andato al parco, ma non ho visto
_____ .

2 Laura ha molte amiche, ne conosciamo solo
_____ .

3 Scusi signora, aspetta _____ ?

4 Mio padre può vendere la sua vecchia auto a
_____ .

5 Dovete comprare _____ per il
compleanno di Alice.

6 Il professore di matematica scrive
_____ alla lavagna.

7 Carla perde tempo su Facebook e non legge più
_____ !

8 Hai corretto qualche errore, ma ne restano
ancora _____ !

6 Scrivi delle frasi con i pronomi indefiniti
e i verbi. Puoi utilizzare le frasi dell'esercizio
5 come esempio.

1 nessuno - vedere

_____ .

2 alcune - conoscere

_____ .

3 qualcuno - aspettare

_____ .

4 chiunque - vendere

_____ .

5 qualcosa - comprare

_____ .

6 tutto - scrivere

_____ .

7 niente - leggere

_____ .

8 troppi - restare

_____ .

L'infinito

7 Conosci questi segnali stradali? Abbina ogni
segnale al divieto o all'obbligo.

1 ☐   2 ☐

a Andare sempre diritto.

b Limite di velocità.

Connettivi 'al fine di', 'allo scopo di', 'per', 'in vista di'

8 Metti in ordine le frasi e utilizza il connettivo tra
parentesi.

1 ha raccolto tante firme / Un'associazione
ecologica / nel centro storico / vietare l'uso delle
auto (al fine di)

_____

_____

2 i nostri compagni di scuola / sentire la loro
opinione /un sondaggio tra / Anche noi abbiamo
organizzato (per)

_____

_____

3 si sono incontrati in piazza / su questo
argomento / Molti volontari dell'associazione /
l'assemblea cittadina (in vista di)

_____

_____

4 ha chiamato alcuni esperti / Il sindaco della
città / sulle alternative possibili / chiedere una
consulenza (allo scopo di)

_____

_____

5 sulla proposta di grandi parcheggi / ridurre
l'inquinamento urbano / fuori dal centro storico /
Tutti sono d'accordo (per)

_____

_____

Ascoltare

1 (22) Ascolta la notizia e scegli la risposta giusta.

1 Che tipo di testo hai ascoltato?

- **a** ☐ Una notizia del giornale radio.
- **b** ☐ Una notizia del telegiornale.
- **c** ☐ Un articolo della stampa.

2 Di quale argomento si tratta?

- **a** ☐ Il futuro dei giovani in Italia.
- **b** ☐ Le cause di una crisi politica.
- **c** ☐ Un problema ambientale.

3 In quale regione è localizzato?

- **a** ☐ Nelle regioni del Sud Italia.
- **b** ☐ Nelle isole del Mediterraneo.
- **c** ☐ In tutto il mondo.

4 Che cosa mostrano le statistiche?

- **a** ☐ Un mammifero su quattro, un uccello su otto, 70% delle piante rischia di scomparire.
- **b** ☐ Un mammifero su otto, un uccello su quattro, 70% delle piante rischia di scomparire.
- **c** ☐ Un mammifero su quattro, un uccello su otto, 50% delle piante rischia di scomparire.

5 Che cosa è già accaduto?

- **a** ☐ Alcune specie di gorilla e coccodrilli sono già estinte.
- **b** ☐ Alcune specie di delfini, tigri e leoni sono già estinte.
- **c** ☐ Alcune specie di tartarughe sono già estinte.

6 Che cosa si sta facendo per limitare il problema?

- **a** ☐ Si stanno organizzando campagne di sensibilizzazione.
- **b** ☐ Si stanno selezionando delle nuove specie di animali.
- **c** ☐ Si sta preparando una protesta contro il WWF.

Parlare

2 Organizza con i tuoi compagni un'intervista al direttore della tua scuola o del tuo corso di italiano. Prepara una traccia con le domande più importanti sul tema dell'ambiente.

Leggere

3 Leggi il testo, poi indica gli aspetti positivi e negativi delle pale eoliche e dei pannelli solari.

Le pale eoliche

Si può trasformare il vento in energia attraverso grandi turbine, chiamate pale eoliche. Normalmente queste pale sono installate su territori dove tira molto vento. Negli ultimi anni, la produzione di energia eolica è aumentata del 40%, ma l'energia eolica rappresenta solamente l'1% del consumo mondiale di energia. Una pala eolica è alta circa 70 metri e produce energia per 3000 abitazioni. In Europa, molti Paesi stanno utilizzando questa tecnica e anche in Italia ormai si possono vedere le pale eoliche sulle colline delle regioni più esposte ai venti.

I pannelli solari

Oggi l'energia solare è utilizzata in molti Paesi europei: i governi stimolano lo sviluppo di questo tipo di energia alternativa. Il parco solare più grande del mondo si trova in Germania: occupa un'area uguale a 56 campi da calcio e contiene 57.000 pannelli solari!
In Italia è normale vedere i pannelli solari sui tetti delle abitazioni o sui terreni non coltivati. I pannelli solari possono essere fotovoltaici e termici, con la funzione di trasformare l'energia solare in energia elettrica e termica per uso domestico, soprattutto per il riscaldamento.

Le pale eoliche...

1 occupano grandi aree di terra. ☺ ☐ ☹ ☐
2 feriscono gli uccelli. ☺ ☐ ☹ ☐
3 non inquinano l'aria. ☺ ☐ ☹ ☐
4 sono efficaci solo nei territori con molto vento. ☺ ☐ ☹ ☐
5 non fanno rumore. ☺ ☐ ☹ ☐

I pannelli solari...

6 non funzionano la notte. ☺ ☐ ☹ ☐
7 in inverno ricevono meno sole e producono meno energia. ☺ ☐ ☹ ☐
8 non inquinano e producono energia pulita. ☺ ☐ ☹ ☐
9 dopo l'installazione, sono economici e fanno risparmiare. ☺ ☐ ☹ ☐
10 nelle regioni più fredde, non producono molta acqua calda. ☺ ☐ ☹ ☐

Scrivere

4 **Scrivi una lista di consigli per ridurre il consumo di energia domestica, utilizzando le informazioni date.**

1 mantenere - termostato - 20°C

_____

2 ventilare - casa - radiatori spenti

_____

3 spegnere - luci - stanze

_____

4 fare - doccia - bagno

_____

5 lasciare - frigorifero - aperto

_____

6 spegnere - lasciare in stand by - apparecchi elettrici ed elettronici

_____

7 utilizzare - lampade - a basso consumo

_____

8 cucinare - coprire - pentole - coperchi

_____

Sei alla fine dell'Unità 6. Che cosa sai fare?

Nella comunicazione orale sono capace di ...

■ **parlare di un tema ecologico o di un problema ambientale**

1 Descrivi le modalità esistenti in Italia e nel tuo Paese della raccolta differenziata.

■ **raccontare un'esperienza personale sul tema dell'ecologia**

2 Racconta la tua partecipazione a una campagna di sensibilizzazione o a un progetto scolastico contro l'inquinamento.

Nella comunicazione scritta sono capace di ...

■ **sintetizzare e commentare un testo o un articolo di giornale**

3 Descrivi i vantaggi delle fonti rinnovabili per la produzione di energia.

■ **preparare la traccia di un'intervista o un questionario**

4 Scrivi alcune domande per un'intervista o un questionario sulle soluzioni possibili contro l'inquinamento nella tua città.

_____

_____

_____

_____

_____

_____

_____

_____

_____

_____

Libro dello studente, pp. 90-91

1 (23) **Ascolta il dialogo a pagina 90 del libro dello studente e scegli la risposta giusta.**

1 Di quale città si parla?

a ☐ Milano.

b ☐ Firenze.

c ☐ Roma.

2 In quale museo è stata Loredana?

a ☐ Al Museo di Gucci.

b ☐ Alla Galleria degli Uffizi.

c ☐ Al Museo di Palazzo Vecchio.

3 Dove aveva prenotato i biglietti?

a ☐ Al Polo museale fiorentino.

b ☐ All'ufficio del Comune di Firenze.

c ☐ Sul sito di palazzo Pitti.

4 Che cosa era accaduto a Silvia?

a ☐ Aveva preso l'influenza.

b ☐ Si era ferita a un braccio.

c ☐ Si era rotta una gamba.

5 Che cos'è il Corridoio Vasariano?

a ☐ È un corridoio sopraelevato.

b ☐ È un tunnel sotterraneo.

c ☐ È un canale del fiume Arno.

6 Chi lo aveva fatto costruire?

a ☐ La famiglia Medici.

b ☐ Il vescovo di Firenze.

c ☐ L'architetto Brunelleschi.

7 Per quale motivo?

a ☐ Per evitare il traffico urbano.

b ☐ Per scappare dalla guerra.

c ☐ Per muoversi senza pericoli.

8 Quali opere erano piaciute a Loredana?

a ☐ I ritratti del Corridoio Vasariano.

b ☐ Le opere del Rinascimento italiano.

c ☐ Le sculture dell'arte classica.

9 Quali artisti ricorda in particolare?

a ☐ Sandro Botticelli e Leonardo da Vinci.

b ☐ Giotto e Beato Angelico.

c ☐ Tiziano e Tintoretto.

10 Quale opera vorrebbe vedere?

a ☐ L'*Annunciazione* di Leonardo da Vinci.

b ☐ La *Primavera* di Sandro Botticelli.

c ☐ La *Battaglia di San Romano* di Paolo Uccello.

2 Osserva la *Battaglia di San Romano* di Paolo Uccello. Secondo te, quali elementi sono simili a *Guernica* di Pablo Picasso? Prova a completare la tabella.

Battaglia di San Romano	Guernica

1 Trova alcuni servizi di un museo, con le lettere rimanenti scrivi un servizio speciale della Galleria degli Uffizi.

T O R A R I D I A P E R T
I R E T T E I L G I B E A U R
A R P R E N O T A Z I O N I R
L A I L A I C E P S I T N O C S
I B R E R I A Z N E G O Z I O Z
E I L G I B A I T E I V I D
T T I G R A T U I T I

La Galleria degli Uffizi ha una bellissima
_ _ _ _ _ _ _ _ _ _ panoramica!

2 Che cosa dovrebbe offrire un museo? Abbina questi simboli al loro significato.

a ☐ Ufficio informazioni   e ☐ Guardaroba
b ☐ Caffetteria   f ☐ Audioguide
c ☐ Servizi igienici   g ☐ Ingresso per disabili
d ☐ Negozio/Libreria   h ☐ Ascensore

3 Osserva queste foto di quadri, ville e chiese. Poi scrivi il loro stile artistico.

4 Completa le descrizioni dell'arte italiana con gli stili e i periodi storici.

Arte gotica sec. XIII ▪ Romanticismo sec. XIX
▪ Arte romanica sec. X ▪ Rinascimento sec. XV
▪ Neoclassicismo sec. XVIII ▪ Barocco sec. XVII

1 Grandi decorazioni, prospettive particolari, espressioni spettacolari e tanto oro:
_____.

2 I sentimenti e le emozioni di personaggi leggendari diventano oggetto di arte:
_____.

3 Le opere architettoniche sono semplici, con una funzione di insegnamento religioso:
_____.

4 Pittori, scultori e architetti celebrano l'uomo con straordinarie opere d'arte:
_____.

5 Si torna alle forme semplici ed eleganti, come reazione agli effetti spettacolari:
_____.

6 Le opere più importanti sono le cattedrali, i dipinti e le sculture sono eleganti e dorate:
_____.

1 (24) **Ascolta e metti in ordine il dialogo.**

a ☐ Buongiorno, vorrei prenotare una visita guidata per il 25 aprile.

b ☐1 Museo Omero, buongiorno.

c ☐ Adesso controllo... Il 25 va bene. Quanti siete?

d ☐ I vostri studenti non pagano. Voi insegnanti avete uno sconto.

e ☐ Che bella notizia! Chi devo ringraziare?

f ☐ Siamo due insegnanti e 30 studenti. Avete dei prezzi speciali per i gruppi?

g ☐ Nessuno, si figuri! Cerchiamo di stimolare le visite guidate al nostro museo.

h ☐ Che mostra volete visitare?

i ☐ Grazie mille! A presto!

l ☐ La retrospettiva di Trubbiani, lo scultore.

2 Abbina le domande alle risposte.

1 ☐ Perché non mi hai chiamato stamattina?

2 ☐ Come mai Giorgia è arrivata in ritardo?

3 ☐ Mi puoi dire perché sei così silenzioso?

4 ☐ Scusi, per quale motivo il museo è chiuso?

5 ☐ Perché mai dovrei visitare quella mostra?

6 ☐ Come mai non sono venuti a Venezia?

a Perché ha avuto un piccolo incidente con l'auto.

b Perché non avevo credito nel cellulare.

c Semplice, perché frequenti il liceo artistico!

d Perché hanno saputo solo oggi della Biennale!

e Non so, forse perché è il giorno di chiusura.

f Perché la mia sveglia non ha suonato.

3 Ma chi è Leonardo da Vinci? Leggi il testo e prova a fare una sintesi per la classe.

Leonardo di ser Piero da Vinci nasce a Vinci nel 1452 e muore ad Amboise il 2 maggio 1519.

Pittore, ingegnere, architetto, scultore, anatomista, musicista, scenografo e infine inventore, uno spirito eclettico che lo rende oggi molto attuale, popolare e riconosciuto.

Leonardo ha un grande senso del gioco che lo spinge a imparare a scrivere con la sinistra e alla rovescia, da destra verso sinistra. Piccole disobbedienze che gli consentono di proteggere i segreti della mente e quelli di una fantasia sicuramente straordinaria. Sembra anticipare i nostri tempi, l'introduzione del web e dei videogiochi.

4 Perché Leonardo è così popolare? Leggi, parla con i tuoi amici e poi rispondi in modo personale.

Leonardo da Vinci è diventato il testimonial ideale di tante campagne pubblicitarie.

Acque minerali, benzine, bagnoschiuma, lavatrici, automobili hanno fatto un grande uso del ritratto più celebre della storia: *La Gioconda*. Ma perché Leonardo suscita tanto interesse nel pubblico e nella mente dei pubblicitari? E perché questo interesse si sta diffondendo sempre più? Prima di tutto, perché c'è la fama del soggetto. Tutti conoscono Leonardo da Vinci, e questo per chi fa pubblicità è fondamentale.

Nel caso di Leonardo, i valori positivi sono tutti validi: Leonardo rappresenta il genio italiano, quindi è adatto a presentare ogni prodotto come nuovo e straordinario.

I pronomi relativi 'che' e 'chi'

1 Metti in ordine le frasi con i pronomi relativi 'che' e 'chi'.

1 conoscere / Vorrei proprio / chi / quel quadro. / ha comprato

_____

2 che / La lezione / è quella / mi piace di più / di arte e immagine.

_____

3 l'artista / chi / Alla fine dello spettacolo / ha ringraziato / lo ha sostenuto.

_____

4 hai scattato / Le foto / che / veramente belle. / sono / Complimenti!

_____

5 davanti alle opere / Chi ama l'arte / rimane incantato / di Michelangelo.

_____

6 in vetrina / sono troppo cari! / che hai visto / Gli stivali neri

_____

2 Sottolinea il pronome relativo giusto.

1 In classe c'è sempre *che/chi* parla con i compagni ad alta voce.

2 Sull'autobus, *chi/che* scende alla fermata deve suonare il campanello.

3 I ragazzi *chi/che* praticano uno sport stanno meglio degli altri.

4 Tu pensi di trovare a quest'ora l'amica *chi/che* vuoi incontrare?

5 La tecnica *chi/che* ha utilizzato quel pittore è veramente originale!

6 '*Chi/Che* dorme non piglia pesci' è un antico proverbio italiano.

3 Unisci le due parti di ogni frase, utilizzando 'che' o 'chi'.

1 ☐ L'insegnante di italiano vuole aiutare
2 ☐ Potete cancellare quel disegno
3 ☐ Ho trovato finalmente la collana
4 ☐ La polizia ha scoperto proprio ieri
5 ☐ Noi commentiamo sempre le notizie
6 ☐ La bibliotecaria osserva attentamente

a _____ entra nella sala di lettura.
b _____ ha difficoltà in grammatica.
c _____ ascoltiamo al giornale radio.
d _____ avete fatto alla lavagna nera?
e _____ ha rubato il quadro del museo.
f _____ desideravi tanto comprare.

4 Pronome relativo (PR) o interrogativo (PI)? Leggi le domande e indica il tipo di pronome.

	PR	PI
1 Che facciamo sabato pomeriggio?	☐	☐
2 Tu sai chi arriva da Firenze?	☐	☐
3 Conosci quel ragazzo che parla?	☐	☐
4 Da chi viene quell'informazione?	☐	☐
5 Ti piaceva quello che dicevano?	☐	☐
6 Non salutate chi entra in classe?	☐	☐
7 Chi può entrare gratis al museo?	☐	☐
8 Hai deciso che fare dopo le medie?	☐	☐

5 Completa il testo con 'che' o 'chi'.

Caro diario,
_____ dice che lo sport fa bene? Lo sport fa benissimo!!! Stamattina sono andata a correre tutta contenta, con le nuove scarpe da ginnastica _____ avevo comprato. Sono scarpe _____ hanno una suola speciale, molto adatta alle strade di campagna. Bene... ho cominciato a correre e ho incontrato il ragazzo _____ vedo sempre in autobus. _____ non ha mai visto quel ragazzo non può capire: è bellissimo e simpaticissimo! Beh... ero un po' emozionata perché _____ mi conosce sa che sono un po' timida. Insomma, proprio quando quel bellissimo ragazzo (_____ non mi aveva mai guardato!) passava vicino a me... sono caduta e sono inciampata. Che vergogna! Però lui si è fermato e mi ha aiutato ad alzarmi. Insomma, finalmente sa _____ sono e... mi ha invitata a mangiare un gelato con lui questo pomeriggio. Sì... lo sport fa bene!
Adalgisa

Il trapassato prossimo

6 Abbina ogni verbo alla coniugazione corrispondente (1ª persona singolare) del trapassato prossimo.

1	☐ andare	a	avevo fatto
2	☐ comprare	b	avevo visto
3	☐ vedere	c	ero partito/a
4	☐ vendere	d	avevo comprato
5	☐ capire	e	avevo detto
6	☐ partire	f	ero andato/a
7	☐ fare	g	avevo capito
8	☐ dire	h	avevo venduto

7 Sottolinea le forme giuste del trapassato prossimo.

1 Gianna non *aveva visto/era visto* la bicicletta che le avevano regalato.

2 Alex *aveva arrivato/era arrivato* dieci minuti prima dell'appuntamento.

3 Nicoletta *era stata/aveva stato* in Francia per un corso di danza.

4 Cecilia *aveva partito/era partita* due mesi prima per la Germania.

5 Lorenzo *era preso/aveva preso* i biglietti all'ingresso del museo.

6 Elena *si era guardata/si aveva guardata* allo specchio prima di dormire.

7 Daniele e Marco *avevano discusso/erano discussi* per ore sul lavoro da fare.

8 Anna e Paola *avevano studiato/erano studiate* insieme per la verifica di scienze.

8 Completa le frasi con i verbi al passato o al trapassato prossimo.

1 Gli studenti (finire) _____ proprio adesso di compilare i moduli di iscrizione.

2 Mentre tu mangiavi la pasta, tuo fratello (mangiare) _____ già _____ la frutta.

3 Quando (ricevere) _____ l'invito, stavo per andare al cinema con le amiche.

4 Siamo tornati a Firenze dopo tanti anni, ci (stare) _____ da studenti.

5 Mio nonno raccontava sempre che (conoscere) _____ tanti artisti.

6 La tua amica non ti (dire) _____ niente, ma la tua sciarpa le piaceva molto.

7 I miei genitori mi (portare) _____ a scuola materna prima di compiere 3 anni.

8 Gli atleti erano stati veramente responsabili: (allenarsi) _____ per ore e ore.

9 Completa il testo con i verbi nel riquadro all'imperfetto o al trapassato prossimo.

> fare ■ correre ■ prendere ■ rimanere ■ costruire ■ volere ■ trovarsi ■ passare ■ vivere ■ essere ■ esserci ■ sentire ■ tornare ■ dovere

Ora vivo negli Stati Uniti, ma quando (1) _____ in Italia, (2) _____ tutti gli anni nel mio paese per andare a trovare i miei nonni che non (3) _____ venire con noi (4) _____ nella loro casa in campagna. Per me (5) _____ sempre un'esperienza emozionante. Loro (6) _____ una casa molto semplice, vicino al fiume, e (7) _____ la giornata a coltivare la terra e curare i loro animali. Noi invece (8) _____ un appartamento in affitto al centro di Firenze, vicino a Ponte Vecchio. (9) _____ nel punto migliore per la nostra attività commerciale, ma non (10) _____ mai silenzio. Il tempo (11) _____ troppo veloce e (12) _____ fare tutto in fretta. Noi giovani (13) _____ una buona scelta, ma (14) _____ la mancanza dei nonni!

Ascoltare

1 (25) Ascolta il testo *Renzo Piano sul tetto di Londra* e rispondi alle domande.

1 Come si chiama l'ultima opera dell'architetto Renzo Piano?

_____

2 Quale record presenta quest'opera?

_____

3 Di quale materiale è fatta?

_____

4 Quali investimenti ha attratto per la sua costruzione?

_____

5 Quanti operai ci hanno lavorato? Per quanto tempo?

_____

6 Quando è stata inaugurata? In quale occasione?

_____

7 Quali aree della città vuole trasformare l'architetto?

_____

8 Quale battaglia ha vinto l'architettura nel secolo XX?

_____

Parlare

2 Immagina di essere un giornalista del telegiornale e fai un breve servizio su *The Shard*, riassumendo oralmente quanto hai appena ascoltato.

Leggere

3 Leggi questo articolo sul MART, il famoso Museo di Arte Moderna a Rovereto. Poi segna se le affermazioni sono vere (V) o false (F).

MART

Il Museo di Arte Moderna di Rovereto ospita un patrimonio artistico davvero straordinario. Raccoglie, infatti, le opere di 275 artisti per un totale di 15.000 opere, divise in disegni, sculture, quadri, oggetti di design. Tra le opere più importanti ci sono quelle di Giorgio Morandi e Giorgio De Chirico. Il museo è nato nel 1997 ed è stato progettato da Mario Botta e Giulio Andreolli. Ha una forma particolare, con una grande cupola che ricorda il Pantheon di Roma e anche le ville neoclassiche del Palladio, mentre i materiali usati sono acciaio e plastica. Sotto la cupola si trova una piazza con, al centro, una fontana. Dal 2002 al 2009 ha ospitato più di 120 mostre.

La Rotonda di Andrea Palladio

		V	F
1	Il MART è un museo di arte moderna.	☐	☐
2	Ospita poche opere molto famose.	☐	☐
3	Tra le sue opere ci sono quelle di Michelangelo.	☐	☐
4	Il museo è nato nel 1997.	☐	☐

		V	F
5	Molto particolare è la sua cupola.	☐	☐
6	Sotto la cupola c'è una grande statua.	☐	☐
7	L'edificio del MART è in acciaio e plastica.	☐	☐
8	Ha ospitato in pochi anni più di 120 mostre.	☐	☐

Scrivere

4 Riguarda i simboli che hai visto a pagina 54 e, insieme alle informazioni che hai letto nell'esercizio 3, scrivi un dépliant sul museo MART.

Sei alla fine dell'Unità 7. Che cosa sai fare?

Nella comunicazione orale sono capace di ...

- **chiedere e spiegare chi è una persona**

1 In coppia. Scegli un artista di cui abbiamo parlato in questa Unità e spiega a un tuo compagno chi è e cosa ha fatto.

- **chiedere e spiegare perché hai fatto o non hai fatto qualcosa**

2 Racconta a un tuo compagno come hai passato la domenica, cosa hai fatto - o non hai fatto - e perché.

Nella comunicazione scritta sono capace di ...

- **scrivere un breve testo che descrive un'opera d'arte**

3 Descrivi quest'opera: è la famosa *Primavera* di Sandro Botticelli.

- **raccontare la visita a una città**

4 Scrivi un testo su una città che hai visitato.

Libro dello studente, pp. 102-103

1 (26) **Ascolta e completa il dialogo a pagina 102 del libro dello studente.**

Filippo: Ciao Arianna, anche tu qui in (1) _____?

Arianna: Ciao. Sì, sono venuta a comprare un (2) _____ di Calvino, *Il barone rampante*. Il professore (3) _____ da leggere per le vacanze di Pasqua.

Filippo: È un libro interessante, fa parte della trilogia *I nostri antenati*. (4) _____ tutta e (5) _____.

Arianna: E tu, invece, perché sei qui?

Filippo: (6) _____ che sono un appassionato di fumetti. Voglio vedere se hanno la raccolta di Dylan Dog, il mitico investigatore dell'incubo. Le (7) _____ sono fantastiche e le (8) _____, poi, sono molto avvincenti.

Arianna: Dylan Dog vive in un mondo da incubo: le sue (9) _____ mi fanno davvero paura. Decisamente non è il mio (10) _____. Preferisco, piuttosto, leggere (11) _____ o (12) _____.

Filippo: Quelli piacciono molto anche a me. A proposito, hai comprato l'ultimo (13) _____ di Licia Troisi?

Arianna: No, non ancora. So che è uscito questa settimana, (14) _____ in libreria a prenderlo subito, ma finora non ho avuto tempo.

Filippo: È davvero incredibile, (15) _____ in due giorni. Questa volta Sofia, la ragazza drago...

Arianna: Dai! Non raccontarmi la (16) _____, non c'è gusto... Voglio scoprire da sola cosa succede.

Filippo: Scusa, non volevo rovinarti la sorpresa. Era solo una piccola anticipazione...

Arianna: Sai dove si trova lo (17) _____ dei (18) _____? Vado subito a prenderlo.

Filippo: Vai sempre dritto e, passato il (19) _____ degli (20) _____ stranieri, troverai i libri della Troisi. È facile vederli, ci sono esposte molte copie.

Arianna: Grazie. (21) _____ subito due copie. Ho promesso a Vittorio che (22) _____ regalerò per il suo compleanno, mi ha detto che anche lui (23) _____ con impazienza l'uscita del libro.

Filippo: A presto, allora, e buona (24) _____!

Arianna: Ti chiamo la prossima settimana, così (25) _____: i libri che mi piacciono, li leggo velocemente. Ciao!

2 **Rileggi il dialogo e completa la tabella con autori, titoli, generi letterari e protagonisti. Se necessario, fai una ricerca in internet.**

Autore	Titolo	Genere letterario	Protagonista
1 Italo Calvino	*Il barone rampante*	_____	_____
2 _____	_____	Fumetto	Dylan Dog
3 Licia Troisi	_____	_____	Sofia

Libro dello studente, p. 106

1 Leggi i nomi e trova l'intruso... della carta stampata.

1 panetteria – libreria – macelleria – pescheria
2 scarpa – giacca – camicia – libro
3 tavolo – scaffale – sedia – tovaglia
4 scatola – pacco – copertina – regalo
5 pizzaiolo – scrittore – pilota – medico
6 fotografie – video – fumetti – film
7 pagina – schermo – mp3 – CD audio
8 sceneggiatura – copione – scenografia – trama
9 nota – didascalia – titolo – commento
10 recensione – pubblicità – notizia – intervista

2 Trova nella griglia 14 parole. Le lettere rimanenti formano il titolo di un'opera letteraria di Dante Alighieri, 'padre della lingua italiana'.

B	S	L	F	E	P	I	C	A	A
I	E	R	U	P	O	E	S	I	A
O	G	A	M	D	E	I	V	I	N
G	N	C	E	N	T	A	C	O	O
R	A	C	T	M	A	M	E	D	V
A	L	O	T	A	U	T	O	R	E
F	I	N	O	F	I	A	B	A	L
I	B	T	G	I	A	L	L	O	L
A	R	O	M	A	N	Z	O	I	A
C	O	P	E	R	T	I	N	A	A

3 Abbina ogni titolo italiano al genere letterario corrispondente. Se hai dubbi, consulta internet.

1 ☐ *Il commissario Montalbano* (Andrea Camilleri)
2 ☐ *Le avventure di Pinocchio* (Carlo Collodi)
3 ☐ *Va' dove ti porta il cuore* (Susanna Tamaro)
4 ☐ *Lezioni americane* (Italo Calvino)
5 ☐ *Il nome della rosa* (Umberto Eco)
6 ☐ *L'infinito* (Giacomo Leopardi)

a romanzo storico
b poesia
c saggio
d romanzo poliziesco/giallo
e biografia/romanzo epistolare
f fiaba/romanzo di avventura

4 Completa le frasi con le parole nel riquadro.

fiabe ▪ romanzo ▪ fumetti ▪ gialli ▪ poesie ▪ saggi

1 Francesca è una ragazza romantica, legge e scrive _____.
2 Andrea non ama molto leggere i libri, preferisce i _____.
3 Giulia ha regalato a sua madre un _____.
4 Lorenzo non ha paura di niente, legge sempre i _____.
5 Marina frequenta il liceo classico, deve leggere molti _____.
6 Le mamme leggono sempre ai loro bambini delle _____.

1 (27) Conosci *Le avventure di Pinocchio?* Metti in ordine il dialogo tra Pinocchio e Lucignolo.

a ☐ Ma io ho promesso a mio padre che sarei andato a scuola.
Guarda, mi ha comprato anche una giacca nuova!

b ☐ Pinocchio, non andare a scuola! Gioca con me.
Guarda quanti palloncini colorati!
Poi andiamo insieme al Paese dei Balocchi e così ci divertiamo molto di più!

c ☐ Allora vado subito a vendere la giacca.
Chissà quanti soldi ci guadagnerò!
Alla fine, dirò a babbo Geppetto che me l'hanno rubata a scuola...

d ☐ E che te ne importa? Sai che la potresti vendere per pagare il viaggio?
Costa solo 30 euro: è proprio un'occasione.
Non perdere tempo!

2 Rileggi il dialogo e prova a interpretare la scena con un compagno.

3 Racconta un episodio della tua infanzia che ti ricorda la situazione di Pinocchio.

Una volta, mentre andavo a scuola...

_____

_____

_____

_____

4 Consiglia a un compagno di leggere un libro che ti è piaciuto molto. Puoi utilizzare le informazioni nel riquadro.

titolo ▪ autore ▪ trama ▪ personaggi ▪ protagonista

Libro dello studente, pp. 108-109

I pronomi combinati

1 Metti in ordine le parole e forma le frasi.

1 stivali / madre. / ha regalati / mia / me li / Questi
_____

2 matite / ho messe / te le / nell' / Le tue / astuccio.
_____

3 voti / hanno dati / i nostri / a giugno / ce li / I professori
_____

4 daranno / ve la / I genitori / per la gita? / l'autorizzazione
_____

5 la tessera / me l' / della biblioteca? / Scusi, / ha preparata
_____

6 gliel' / hai portata / Alla tua compagna / la sciarpa?
_____

2 Sostituisci le parole sottolineate con i pronomi combinati e riscrivi le frasi.

1 Nicoletta ha fatto una foto a tutte le compagne.
_____

2 Giovanni invia un'email alla sua amica francese.
_____

3 Per favore, mi dai il tuo numero di cellulare?
_____

4 Mio padre a Pasqua offre un viaggio a mia madre.
_____

5 Chi ti ha regalato lo zaino per la montagna?
_____

6 Sua madre chiede a Sandra di studiare tutti i giorni.
_____

7 Marco ha prestato la sua bici ad Alessandro.
_____

8 I professori consegnano un test di ingresso a tutti gli studenti.
_____

3 Rispondi alle domande utilizzando i pronomi combinati. Esistono varie risposte possibili.

1 Signora, vuole parlare a suo figlio del nostro progetto?
_____

2 Massimo, presti questo libro alla tua compagna di banco?
_____

3 Direttore, quando ci comunica il nuovo calendario scolastico?
_____

4 Marisa, dove hai comprato quel pullover a tua figlia?
_____

5 Chi ci ha prenotato il campo da tennis per la partita?
_____

6 Perché non mi hai raccontato quella storia?
_____

7 Quante mele mi hai portato per la macedonia di frutta?
_____

8 Qualcuno può offrire a Sara il biglietto del cinema?
_____

4 (28) Ascolta e completa il testo con i pronomi nel riquadro.

glielo ▪ mi ▪ me li ▪ me ne ▪ le ▪ me la ▪ mi ▪ me li ▪ glielo ▪ mi ▪ le

Quando ero piccolo, mia madre (1) _____ leggeva sempre una fiaba prima di dormire. (2) _____ leggeva a voce bassa, perché sapeva che questo (3) _____ faceva addormentare.
Poi, a 10 anni, non (4) _____ ho chiesto più di leggermi le fiabe, ma i romanzi polizieschi e allora lei (5) _____ leggeva. A volte (6) _____ facevano un po' paura e dopo avevo gli incubi.
Allora non (7) _____ ha letti più.
Adesso ho 13 anni e non (8) _____ chiedo più, ma lei continua a dirmi che (9) _____ piacerebbe molto leggermi un brano di un romanzo o un articolo di giornale.
Non (10) _____ importa molto, ma non (11) _____ posso dire!

Il condizionale passato

5 Unisci le due parti di ogni frase.

1 ☐ Avrei voluto comprare quel dizionario,
2 ☐ La professoressa di italiano ha detto
3 ☐ Nessuno sapeva ancora
4 ☐ Il gestore del cinema ha avvisato
5 ☐ Ti sarebbe piaciuta una pizza al pomodoro,
6 ☐ Al posto vostro, dopo tutta l'attesa,

a che cosa sarebbe successo dopo la manifestazione.
b invece della focaccia al formaggio?
c che avrebbe interrogato tutti.
d che il film sarebbe iniziato più tardi.
e noi avremmo protestato con Trenitalia.
f ma era troppo caro e non l'ho preso.

6 Trasforma le frasi al passato.

1 Sono sicuro che lo dirai a tua madre.

_____

2 Stasera vorrei andare al concerto con i miei amici.

_____

3 Che cosa faresti al posto di Pinocchio?

_____

4 Secondo te, loro leggerebbero *La Divina Commedia*?

_____

5 L'allenatore non sa se la sua squadra vincerà.

_____

6 Mia figlia mi promette sempre che uscirà di casa più presto la mattina.

_____

I connettivi temporali

7 Leggi e completa il testo con i connettivi temporali nel riquadro.

> a questo punto ▪ ora ▪ quindi ▪ in quell'istante ▪ alla fine ▪ all'improvviso ▪ mentre ▪ subito ▪ dopo

Alex vive a Milano da tre anni e (1) _____ lavora all'ospedale. Ieri mattina, (2) _____ andava in bicicletta sulla pista ciclabile, ha visto (3) _____ un'automobile che veniva ad alta velocità verso di lui. (4) _____ si è fermato per far passare l'auto.
(5) _____ qualche secondo l'automobile è andata a finire fuori strada. Alcune persone sono corse ad aiutare lui e l'autista dell'automobile. (6) _____ passava un'ambulanza, ma tutti e due stavano bene, (7) _____ non è stato necessario portarli al pronto soccorso. (8) _____ tutti volevano sapere perché l'automobile andava così veloce. L'autista stava tornando dal turno di notte in ospedale, aveva troppo sonno, ha chiesto scusa ad Alex e (9) _____ è ripartito molto lentamente.

Alcuni cenni sul discorso indiretto

8 Metti queste affermazioni al discorso indiretto.

1 Antonio dice sempre: "Voglio andare a Stoccolma".

_____

2 Il professore ha avvisato la classe: "Chiamo il preside!"

_____

3 Gli spettatori hanno gridato: "Vogliamo il bis!"

_____

4 Lo scrittore ha detto al giornalista: "Non scrivo più".

_____

5 Mia madre ripete spesso: "Quando avevo la tua età..."

_____

6 I ragazzi hanno risposto agli adulti: "Voi non potete capire!"

_____

Ascoltare

1 (29) **Ascolta il testo e scegli le risposte giuste.**

BOLOGNA CHILDREN'S BOOK FAIR

1 La Fiera del Libro per Ragazzi si tiene
- **a** ☐ in inverno a Torino.
- **b** ☐ in primavera a Bologna.
- **c** ☐ in autunno a Napoli.

2 La Fiera è stata creata
- **a** ☐ nel 1973.
- **b** ☐ nel 1983.
- **c** ☐ nel 1963.

3 La durata della Fiera è in media di
- **a** ☐ cinque giorni.
- **b** ☐ dieci giorni.
- **c** ☐ quindici giorni.

4 Partecipano alla Fiera gli operatori
- **a** ☐ del settore editoriale.
- **b** ☐ del settore immobiliare.
- **c** ☐ del settore finanziario.

5 Gli espositori provengono
- **a** ☐ dall'Europa.
- **b** ☐ dall'Italia.
- **c** ☐ da tutto il mondo.

6 Uno spazio speciale è dedicato
- **a** ☐ alla mostra degli illustratori.
- **b** ☐ all'Esposizione universale.
- **c** ☐ alla collezione di fumetti.

7 Il Premio internazionale di illustrazione è
- **a** ☐ per giovani editori italiani.
- **b** ☐ per artisti che hanno meno di 35 anni.
- **c** ☐ per giornalisti specializzati.

8 Per ulteriori informazioni puoi visitare
- **a** ☐ la rivista di moda "Vanity Fair".
- **b** ☐ il sito bookfair@bolognafiere.it.
- **c** ☐ il giornale "Gazzetta dello Sport".

Parlare

2 Conosci Licia Troisi, Giulio Leoni e Filippo Torrini? Leggi le note biografiche alle pagine 112-113 del libro dello studente e parlane con i tuoi compagni. Se sei interessato, cerca in internet commenti o recensioni sui loro libri.

Leggere

3 Leggi il testo e indica se le affermazioni sono vere o false. Correggi le affermazioni false.

Giulia esce di casa. Il sole è al tramonto, ma quella luce che le illumina il viso non viene dai raggi del sole. Si muove leggera e veloce. Va incontro a qualcosa che aspetta da tanto. Forse da sempre.

Indossa il suo completo nuovo, quello azzurro. Ha raccolto i lunghi capelli neri, mostrando le sue guance leggermente arrossate per l'emozione.

Non prende l'ascensore perché le sembra troppo lento. Scende in fretta le scale. Certo, la sua felicità non può aspettare!

Ora sta andando in garage a prendere la Vespa. A quest'ora, con il traffico che c'è a Milano, sarebbe una pazzia prendere la macchina. La Vespa è più veloce. O meglio, la Vespa va alla stessa velocità del suo cuore.

		V	F
1	Giulia è una ragazza di 13 anni.	☐	☐
2	Abita in una casa di campagna.	☐	☐
3	Prende la Vespa per uscire.	☐	☐
4	Non prende l'ascensore perché ha paura.	☐	☐
5	Ha tanta fretta e scende le scale velocemente.	☐	☐
6	Indossa un vecchio completo rosso.	☐	☐
7	Ha tagliato i capelli molto corti.	☐	☐
8	Quando esce, il sole tramonta.	☐	☐

Scrivere

4 Immagina la scena descritta nell'esercizio 3, rispondi alle domande e prova a scrivere un finale per l'episodio.

Secondo te...

1 Dove va la protagonista?

3 Chi deve incontrare?

2 Perché ha tanta fretta?

4 Come andrà a finire questo incontro?

Sei alla fine dell'Unità 8. Che cosa sai fare?

Nella comunicazione orale sono capace di ...

■ **raccontare in modo sintetico la trama di un romanzo**

1 *Va' dove ti porta il cuore* di Susanna Tamaro è un romanzo biografico-epistolare (una nonna scrive a sua nipote). Leggi la trama, poi racconta ai tuoi compagni le principali esperienze della protagonista.

■ **descrivere l'ambiente e i personaggi di un'opera letteraria**

2 Leggi in internet la trama del romanzo *Il barone rampante* di Italo Calvino e prova a descrivere dove e con chi vive il protagonista.

Nella comunicazione scritta sono capace di ...

■ **comprendere e completare i dialoghi di una storia a fumetti**

3 Racconta una storia a fumetti e descrivi situazioni e personaggi.

■ **sintetizzare la trama di un romanzo e scrivere la biografia del suo autore**

4 Scrivi le informazioni di base sulla serie di romanzi *La ragazza drago* (genere, trama e personaggi) e sulla biografia dell'autrice Licia Troisi.

_____

_____

_____

_____

_____

_____

_____

_____

_____

_____

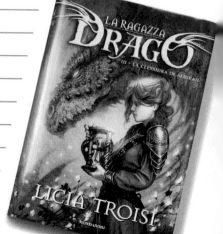

Libro dello studente, pp. 114-115

1 (30) **Ascolta di nuovo il dialogo a pagina 114 e numeralo nel modo giusto. Poi completa le frasi.**

☐ **Franco:** Perché è _____ e parla di situazioni comuni a tanta gente... E poi oggi saprò se Giorgio se ne andrà a Milano o resterà a Napoli con Marina, quando _____ e _____ bene la loro situazione. Zitti! Ecco la _____!

☐ **Alex:** Non le sopporto queste storie sentimentali! Io in tv guardo soprattutto i _____, come *Zelig*. Fa veramente ridere! Adoro Ficarra e Picone, i due comici siciliani: fanno delle _____ troppo divertenti!

☐ **Alex:** A me non piacciono né i documentari né le trasmissioni _____ ... non so... trovo i documentari un po' noiosi e lo sport mi interessa poco.

☐ **Milena:** Davvero! Purtroppo non ce la faccio quasi mai a vederlo, perché il lunedì sera ho il corso di yoga. I programmi _____, invece, non me li perdo. Secondo me, sono utilissimi per conoscere meglio la situazione sociale.

☐ **Franco:** Il _____ è finito... Comincia l'ultima _____ della _____ di *Un posto al sole*. Non posso perderla! Quando sarà finita, mi mancherà molto... lo so!

☐ **Milena:** Verissimo! E poi ora comincia un bel _____ sull'altro _____ ... che ne dite?

☐ **Franco:** Non _____ canale! Ecco... la puntata è finita e ancora non so se Giorgio se ne andrà o no...

☐ **Milena:** No, pietà! Ancora quella soap! Ma si può sapere perché la guardi?

☐ **Franco:** Insomma! Volete stare zitti, per favore? Oh, no! C'è la _____ adesso. Ah, guardate! Mercoledì danno un _____ sui castelli della Scozia, bello!

☐ **Milena:** Ora _____ aspettare la prossima stagione per saperlo... ce la farai?

☐ **Alex:** Beh, a noi non importa niente né di Giorgio né di Marina, vero Milena?

☐ **Milena:** Io, al contrario, guardo sia i documentari sia le trasmissioni sportive: sono appassionata di calcio e trovo i _____ interessanti perché ti mostrano luoghi o situazioni che non conosci.

☐ **Franco:** Zitti, per favore, _____! Secondo me Giorgio, dopo che avrà passato qualche mese a Milano, tornerà da Marina.

9 LESSICO

Libro dello studente, p. 118

1 **Leggi le definizioni e completa lo schema.**

1 Programma in cui puoi vincere del denaro.

2 Un film... corto.

3 *Zelig* è un programma...

4 Un programma che ti fa conoscere cose nuove su luoghi o animali.

5 Un programma che parla di calcio è un programma...

6 Il programma che dà le notizie del giorno.

7 Sinonimo di 'episodio'.

8 Un programma che vuole convincerti a comprare cose.

9 La musica iniziale di un programma o di un film.

10 Un programma che parla di problemi sociali è un programma di...

11 Il periodo in cui viene trasmessa una soap.

12 Sinonimo di programma.

2 **Completa le frasi con le parole giuste.**

1 Domani c'è l'ultima _____ della mia soap preferita.

2 Il _____ ha detto che oggi c'è una riunione all'ONU sulla pace.

3 Guardo un _____ sulle balene... molto interessante!

4 In questo _____ si vince un'automobile.

5 Laura Pausini ha scritto la _____ di questo programma.

6 Questo programma _____ non fa ridere per niente!

7 Domani inizia la nuova _____ di *Un posto al sole*.

8 Basta! Interrompono sempre il film con la _____ !

1 (31) Rimetti il dialogo nell'ordine giusto.

- ☐ **Sandra:** Forse perché è avventurosa e romantica al tempo stesso.

- ☐ **Aldo:** Ah! Ah! Hai proprio ragione, Sandra!

- ☐1 **Maria:** Avete visto la prima puntata di *Elisa di Rivombrosa*?

- ☐ **Sandra:** Beh... in genere le soap in costume sono così... sono un po' tutte uguali, dai!

- ☐ **Maria:** È una soap in costume. La storia è ambientata nel 1700 circa.

- ☐ **Maria:** Anche a me piacciono i film, ma questa soap mi ha preso molto.

- ☐ **Aldo:** Veramente no... di che si tratta?

- ☐ **Maria:** E tu come sai che è avventurosa e romantica?

- ☐ **Sandra:** Una soap in costume? No, grazie! Non mi interessa proprio! Preferisco guardare un bel film.

2 Scegli un film che non ti piace e un film che ti piace, poi scrivi un dialogo con queste indicazioni.

- – A saluta B e gli chiede se ha visto il film...
- – B risponde di sì.
- – A chiede se il film gli è piaciuto.
- – B risponde che non gli è piaciuto tanto.
- – A chiede perché.
- – B risponde che non gli piacciono i film...
- – A chiede a B di andare a vedere insieme il film...
- – B accetta e gli dice che gli piacciono molto i film...

3 Completa questo annuncio televisivo con le parole nel riquadro.

> avventura ▪ presenza ▪ puntata ▪ serie ▪ signori
> ▪ storia ▪ telefilm ▪ trasmettere ▪ visione

Signore e _____ buonasera,
stiamo per _____
la prima _____ della nuova
_____ di _____
I vampiri di New York, una _____
avvincente di giovani vampiri che cercano
di diventare persone normali.
Amore, _____ e sorprese mozzafiato
sono le caratteristiche principali di questa serie.
Per la _____ da parte dei bambini,
è consigliata la _____ degli adulti.

Il futuro anteriore

1 Metti in ordine le frasi.

1 una grande festa / organizzerai / Quando / dalle vacanze, / sarai tornato / per tutti i tuoi amici.

_____

2 la decorerò / si sarà freddata, / la torta / con il cioccolato. / Non appena

_____

3 appena / da te / avrà smesso / Verrò / di piovere.

_____

4 non avrai messo / la torta / finché / in ordine / Non avrai / la tua stanza.

_____

5 avrai finito / un passaggio / Ti darò / quando / di lavorare. / in auto

_____

6 saremo arrivati. / un SMS / appena / Ti manderemo

_____

7 Quando / quel bellissimo / avrò comprato / sarò elegantissima! / vestito,

_____

8 gli Uffizi / sarò arrivato / andrò a visitare. / Non appena / a Firenze,

_____

2 Completa le frasi nel modo giusto.

1 ☐ Appena finirò di lavorare,
2 ☐ Quando avrai messo l'olio,
3 ☐ Quando avremo pulito il salotto,
4 ☐ Quando Sara avrà finito la scuola,
5 ☐ Inizierete a lavorare
6 ☐ Spegnerai il cellulare,

a quando avrete finito il corso di formazione.
b quando sarai salito sull'aereo.
c partirà subito per l'Italia.
d me ne andrò in palestra.
e ci guarderemo un bel film!
f mescolerai tutto per bene.

3 Completa le frasi con il futuro anteriore dei verbi tra parentesi.

1 Dopo che (chiudere) _____ le finestre di casa, potremo uscire.

2 Ti chiamerò appena (arrivare) _____ a casa... ora sono stanco.

3 Potrai ascoltare il CD di Caparezza, quando Mario lo (restituire) _____.

4 Non potrete uscire finché non (finire) _____ i compiti!

5 Non andrò da Chiara finché non (fare) _____ pace con lei... spero presto!

6 Luciano verrà al corso appena (pagare) _____ la somma necessaria per iscriversi.

4 Completa le frasi con il futuro semplice o anteriore a seconda dei casi.

1 Io non (avere) _____ pace finché non (risolvere) _____ questo problema.

2 Tu (tornare) _____ qui solo dopo che (compiere) _____ il tuo dovere.

3 Gianni (venire) _____ a casa appena (fare) _____ la spesa.

4 Quando (tu, arrivare) _____, (trovare noi) _____ qui ad aspettarti.

5 (Voi lasciare) _____ quest'aula solo dopo che (finire) _____ l'esame.

6 Elisa, quando (partire) _____ per l'America (io raggiungere te) _____ entro una settimana.

'Sia... sia', 'né... né'

5 Completa le frasi usando 'sia... sia' o 'né... né' a seconda dei casi.

1 Ho deciso di invitare _____ Mariangela _____ Luisa ma _____ l'una _____ l'altra mi hanno ringraziato.

2 Non ho trovato _____ i pinoli _____ le noci: dobbiamo cambiare ricetta.

3 I miei zii non guardano _____ i film horror _____ i cartoni animati.

4 Per la gita dovete portare _____ lo zaino _____ gli scarponi.

5 Mi piace _____ *Zelig* _____ *Un posto al sole*.

6 Non devi _____ gridare _____ correre in biblioteca!

7 Loro amano _____ suonare la chitarra _____ cantare.

8 _____ Luigi _____ Luca verranno a pranzo, ma non verranno _____ Daniele _____ Chiara.

6 Completa la pagina di diario usando 'sia... sia' o 'né... né' a seconda dei casi.

Caro diario,
oggi non va... non riesco _____ a studiare _____ a concentrarmi su qualcosa, _____ soprattutto a essere allegra...
Ci provo, ma _____ la compagnia dei miei amici _____ quella di mia sorella mi tira su. Ho provato _____ a chattare con gli amici del blog, _____ ad ascoltare un po' di musica, ma ogni cosa mi fa diventare nervosa. Strana giornata...
Mia sorella comunque mi ha dato due possibilità: stasera possiamo _____ invitare gli amici a cena _____ uscire noi due a mangiare una pizza. Bah... ci penserò. Intanto provo _____ a farmi una doccia _____ a portare fuori il cane e... ma sì, un po' di aria fresca mi tirerà su.

Eleonora

'Andarsene' e 'farcela'

7 Completa le frasi coniugando 'andarsene' in modo corretto.

1 Arrivederci a tutti! Noi _____.

2 Mario? _____ un minuto fa.

3 Che strano... i nostri vicini _____ in gran fretta.

4 Ma perché voi _____ già?

8 Completa le frasi coniugando 'farcela' in modo corretto.

1 Questo film è noioso: io non _____ a vederlo tutto.

2 Il compito è troppo difficile! Non credo di _____.

3 Andrea, _____ ad essere qui per le otto?

4 Vittoria! I nostri atleti _____ ancora una volta!

9 Completa le frasi coniugando 'andarsene' o 'farcela' in modo corretto.

1 Mariano non _____ a sostenere un corso così difficile... forse dovrà _____.

2 Gli zii _____ mezzora fa, perché altrimenti non _____ a prendere il treno.

3 Ragazze, _____ a finire il lavoro per me? Io tra poco _____!

4 Gli amici della palestra non _____ a venire alla mia festa... che peccato!

Leggere

1 Su questo blog tre ragazzi parlano dei loro gusti televisivi. Leggi e completa la tabella.

I giovani e la tv

| Home | Di' la tua | Pro e contro | Programmi | Novità | Contatti |

Fuffi

Secondo me vedere troppa tv fa male.
Io preferisco andare a fare una passeggiata,
suonare il basso o andare in centro con gli amici.

Kikko

Hai ragione, ma ci sono telefilm troppo
divertenti! Io esco solo dopo il mio telefilm
preferito... tanto è alle 4 del pomeriggio
e l'orario mi sta bene.

Bambi

Io guardo poco la tv, però mi piacciono i quiz
perché sono divertenti e riesco a rispondere alle
domande.

Fuffi

Io odio i quiz! Secondo me non sono per niente
educativi! Contano solo i premi e i soldi!

Kikko

Esagerata! I quiz sono un passatempo
divertente! Rispondere alle domande dà
soddisfazione!

Bambi

È vero e poi io imparo tante cose! L'importante
è non esagerare e prenderlo come un gioco.

Fuffi

Se vuoi imparare qualcosa guarda un
documentario o il telegiornale. O magari
una trasmissione di attualità.

Bambi

Hai ragione, ma sono d'accordo con Kikko sul
fatto che un quiz è un gioco. E comunque, tra
un quiz o un altro programma e uscire con i miei
amici, scelgo sempre di uscire con gli amici!

Kikko

Così si fa!!! : -)

Fuffi

Sono d'accordo!!!

Chi scrive che....	Fuffi	Kikko	Bambi
1 vedere troppa tv fa male.			
2 i telefilm sono divertenti.			
3 con i quiz si impara qualcosa.			
4 i quiz sono solo un gioco.			
5 è meglio uscire con gli amici.			

Parlare

2 Tu e altri due compagni immaginate di essere Fuffi, Kikko e Bambi. Discutete insieme sulla base di quanto avete scritto sul blog.

Ascoltare

3 (32) **Linda, Marcello e Grazia stanno parlando dei loro programmi preferiti. Ascolta e poi completa le frasi nel modo giusto.**

1 Linda e Marcello hanno visto un telefilm del
   - a ☐ commissario Maigret.
   - b ☐ commissario Montalbano.

2 Il telefilm si intitolava
   - a ☐ *Il ladro di merendine.*
   - b ☐ *Il cuoco di merendine.*

3 Il telefilm era la storia di
   - a ☐ una donna inseguita dai criminali.
   - b ☐ una donna che lavora negli ospedali.

4 Nel telefilm il commissario e la sua fidanzata
   - a ☐ arrestano il figlio di questa donna.
   - b ☐ si affezionano al figlio di questa donna.

5 Alla fine il commissario
   - a ☐ non arresta i criminali.
   - b ☐ arresta i criminali.

6 I telefilm di Montalbano sono
   - a ☐ il lunedì sera alle nove.
   - b ☐ il giovedì sera alle nove.

Scrivere

4 **Immagina di essere uno sceneggiatore televisivo e inventa la traccia di un episodio del commissario Montalbano. La serie tv è ambientata in Sicilia. Puoi usare questi suggerimenti:**

- misteriosi ladri rubano un antico dipinto in una villa
- alcune persone vedono un fantasma in un antico castello sul mare, ma...
- misteriosamente, una ricca coltivazione di arance diventa secca e muore
- il cuoco di un famosissimo ristorante sparisce misteriosamente...

Sei alla fine dell'Unità 9. Che cosa sai fare?

Nella comunicazione orale sono capace di ...

■ **chiedere e dire la mia opinione sui programmi**

1 Scegli un programma che ti piace molto e spiega perché ai tuoi compagni.

2 Dopo la tua spiegazione, un tuo compagno dice che questo programma è brutto: difendi la tua opinione.

■ **chiedere e dire cosa succederà dopo un'azione futura**

3 Di' che cosa farai una volta tornato a casa.

Nella comunicazione scritta sono capace di ...

■ **scrivere un breve articolo sui vari programmi televisivi**

■ **completare un palinsesto con i programmi tv**

4 Scegli il tuo programma tv preferito e scrivi i tuoi commenti.

'Cercare di', 'riuscire a' e 'riuscirci'

Usiamo queste espressioni per spiegare se si riesce o meno a fare qualcosa.

'Cercare di' indica il tentativo di fare qualcosa.
Cerco di essere bravo a scuola (Tento di / provo a).

'Riuscire a' indica che si è capaci di fare qualcosa.
Riesco a risolvere questo problema (Sono capace di).

Nella forma negativa, indica che non si è capaci di fare qualcosa.
Non riesco a risolvere questo problema.

'Riuscirci' usa la particella pronominale 'ci' per sostituire un'espressione precedente o un pronome dimostrativo.
Voglio fare il regista, ma riuscirci è difficile (Voglio fare il regista, ma riuscire a fare questo è difficile / Voglio fare il regista, ma riuscire a fare il regista è difficile).

Gli aggettivi indefiniti

Questi aggettivi accompagnano i nomi di cose o persone senza però specificarne in modo preciso la quantità o la qualità. Ecco gli aggettivi più frequenti. Come puoi vedere, alcuni aggettivi si declinano combinandosi con i nomi che accompagnano, come tutti gli altri aggettivi, altri invece sono invariabili o si usano solo al singolare. In genere precedono sempre il nome che accompagnano.

Maschile singolare	Maschile plurale	Femminile singolare	Femminile plurale
nessuno	–	nessuna	–
ciascuno	–	ciascuna	–
ogni	–	**ogni**	–
qualunque	–	**qualunque**	–
qualsiasi	–	**qualsiasi**	–
alcuno	alcuni	alcuna	alcune
qualche	–	**qualche**	–
certo	certi	certa	certe
molto	molti	molta	molte
troppo	troppi	troppa	troppe
tanto	tanti	tanta	tante
vario	vari	varia	varie
diverso	diversi	diversa	diverse
parecchio	parecchi	parecchia	parecchie
poco	pochi	poca	poche
tutto	tutti	tutta	tutte
altro	altri	altra	altre

Comparativi e superlativi irregolari

Alcuni aggettivi, oltre alle forme regolari del comparativo di maggioranza e del superlativo relativo e assoluto, hanno anche forme irregolari.

	Comparativo di maggioranza	Superlativo relativo	Superlativo assoluto
buono	più buono **migliore**	il più buono **il migliore**	buonissimo **ottimo**
cattivo	più cattivo **peggiore**	il più cattivo **il peggiore**	cattivissimo **pessimo**
grande	più grande **maggiore**	il più grande **il maggiore**	grandissimo **massimo**
piccolo	più piccolo **minore**	il più piccolo **il minore**	piccolissimo **minimo**
alto	più alto **superiore**	il più alto **il supremo**	altissimo **supremo**

Le forme irregolari di 'buono' e 'cattivo' si usano soprattutto per descrivere le qualità morali di una persona o la qualità di una cosa.

*Che bel concerto, veramente un'**ottima** esecuzione!*
*Piero è veramente un'**ottima** persona! Un tesoro!*
*Non mangiarli! Questi spaghetti sono **pessimi**!*
*Andrea è disonesto: una persona **pessima**!*

'Maggiore' e 'minore' si usano anche con le parole 'fratello', 'sorella' e 'figlio' per indicare se sono più giovani o più vecchi di noi o tra fratelli.

*Mio figlio **maggiore** è già all'università: il **minore** ci andrà fra tre anni.*

'Superiore' e 'inferiore' si usano anche per i piani dei palazzi, per indicare il piano più in alto o quello più in basso rispetto al piano dove ci troviamo.

Attenzione!

'Basso' ha la forma irregolare al comparativo ('inferiore') e al superlativo assoluto ('infimo'), non al superlativo relativo, dove fa regolarmente 'il più basso'. 'Infimo' si usa per descrivere la pessima qualità di una persona o di una cosa.

*Il livello di questo quartiere è veramente **infimo**!*

I pronomi combinati

	lo	la	li	le	ne
mi	me lo	me la	me li	me le	me ne
ti	te lo	te la	te li	te le	te ne
le/gli	glielo	gliela	glieli	gliele	gliene
ci	ce lo	ce la	ce li	ce le	ce ne
vi	ve lo	ve la	ve li	ve le	ve ne
gli	glielo	gliela	glieli	gliele	gliene

> I pronomi combinati si formano dall'unione del partitivo 'ne' o dei pronomi diretti con quelli indiretti.
>
> Nella combinazione i pronomi indiretti si trovano davanti a quelli diretti o al partitivo 'ne'.
>
> La 3ª persona singolare e plurale è l'unica forma in cui i due pronomi sono uniti:
>
> glielo/gliela/glieli/gliele/gliene.

Alcuni cenni sul discorso indiretto

Il discorso diretto riporta tra virgolette le parole dette da qualcuno, mentre il discorso indiretto le riferisce come un racconto.

discorso diretto
Saverio dice: "Che bella sciarpa!"
Mario dice: "Sta piovendo".

discorso indiretto
Saverio dice che la sciarpa è bella.
Mario dice che sta piovendo.

Se il verbo che introduce il discorso diretto è all'indicativo presente, nei tempi del discorso indiretto non ci saranno cambiamenti.

discorso diretto
Rosa dice: "Vado al cinema con Diego".

discorso indiretto
Rosa dice che va al cinema con Diego.

Se il verbo che introduce il discorso diretto è a un tempo passato, nel discorso indiretto si usa l'imperfetto per indicare la contemporaneità. Gli avverbi di tempo 'ieri', 'oggi' e 'domani' nel discorso indiretto si trasformano in 'il giorno prima", 'quel giorno', 'il giorno dopo'.

discorso diretto
Viola ha detto: "Oggi esco con Gaia".

discorso indiretto
Viola ha detto che quel giorno usciva con Gaia.

I pronomi e gli aggettivi possessivi e i pronomi personali di 1ª e 2ª persona nel discorso indiretto diventano di 3ª persona.

discorso diretto
Salvo dice a Noemi: "Ho visto tuo fratello".

discorso indiretto
Salvo dice a Noemi che ha visto suo fratello.

I pronomi dimostrativi 'questo', questa', 'questi' e 'queste' diventano 'quello', 'quella', 'quelli' e 'quelle'.

discorso diretto
Rebecca dice: "Questa è la mia classe!"

discorso indiretto
Rebecca dice che quella è la sua classe.

Elenco delle tracce audio

Traccia	Unità	Esercizio	Pagina
2	Unità 1	esercizi 1-2	pagina 5
3	Unità 1	esercizio 2	pagina 6
4	Unità 1	esercizio 1	pagina 7
5	Unità 1	esercizio 6	pagina 9
6	Unità 1	esercizio 1	pagina 10
7	Unità 2	esercizi 1-2	pagina 13
8	Unità 2	esercizio 1	pagina 15
9	Unità 2	esercizio 1	pagina 18
10	Unità 3	esercizio 1	pagina 21
11	Unità 3	esercizio 1	pagina 23
12	Unità 3	esercizi 1-2	pagina 26
13	Unità 4	esercizio 1	pagina 29
14	Unità 4	esercizio 1	pagina 31
15	Unità 4	esercizio 1	pagina 34
16	Unità 5	esercizi 1-2	pagina 37
17	Unità 5	esercizio 1	pagina 39
18	Unità 5	esercizio 1	pagina 42
19	Unità 6	esercizi 1-2	pagina 45
20	Unità 6	esercizio 1	pagina 47
21	Unità 6	esercizio 4	pagina 48
22	Unità 6	esercizio 1	pagina 50
23	Unità 7	esercizio 1	pagina 53
24	Unità 7	esercizio 1	pagina 55
25	Unità 7	esercizio 1	pagina 58
26	Unità 8	esercizio 1	pagina 61
27	Unità 8	esercizio 1	pagina 63
28	Unità 8	esercizio 4	pagina 64
29	Unità 8	esercizio 1	pagina 66
30	Unità 9	esercizio 1	pagina 69
31	Unità 9	esercizio 1	pagina 71
32	Unità 9	esercizio 3	pagina 75

Gabriella Pordini, Mariangela Trasi
Amici d'Italia
Corso di italiano Eserciziario Livello 3

Coordinamento editoriale: Paola Accattoli
Redazione: Paola Accattoli, Gigliola Capodaglio
Direttore artistico: Marco Mercatali
Progetto grafico: Sergio Elisei
Impaginazione: Thesis Contents S.r.l. – Firenze-Milano
Ricerca iconografica: Giorgia D'Angelo
Direttore di produzione: Francesco Capitano
Concezione grafica della copertina: Paola Lorenzetti
Foto di copertina: Getty Images

© ELI s.r.l. 2013
Casella Postale 6
62019 Recanati
Italia
Telefono: +39 071 750701
Fax: +39 071 977851
info@elionline.com
www.elionline.com

Crediti
Illustrazioni: Susanna Spelta / Marcello Carriero /
Pietro Di Chiara / Luca Poli
Fotografie: Shutterstock, archivio ELI

I siti Web presenti in questo volume sono segnalati ad uso esclusivamente didattico, completamente esterni alla casa editrice ELI e assolutamente indipendenti da essa. La casa editrice ELI non può esaminare tutte le pagine, i contenuti e i servizi presenti all'interno dei siti Web segnalati, né tenere sotto controllo gli aggiornamenti e i mutamenti che si verificano nel corso del tempo di tali siti. Lo stesso dicasi per i video, le canzoni, i film e tutti gli altri materiali autentici complementari, di cui la casa editrice ELI ha accertato l'adeguatezza esclusivamente riguardo alle selezioni proposte e non all'opera nella sua interezza.

L'editore è a disposizione degli aventi diritto tutelati dalla legge per eventuali e comunque non volute omissioni o imprecisioni nell'indicazione delle fonti bibliografiche o fotografiche. L'editore inserirà le eventuali correzioni nelle prossime edizioni dei volumi.

Seconda ristampa giugno 2021

Stampa: Tecnostampa - Pigini Group Printing Division
Loreto – Trevi 13.83.138.2

ISBN 978-88-536-1520-6

La presente pubblicazione è stata realizzata in collaborazione con un gruppo di studio e di sperimentazione appartenente a:

CORSI DI LINGUA E CULTURA ITALIANA

Visita il sito del Campus l'Infinito e scopri i vantaggi per te!
www.scuoladantealighieri.org